N° 5119.

MINISTÈRE DE LA MARINE ET DES COLONIES.

INSTRUCTION RÉGLEMENTAIRE

SUR

LA COMPTABILITÉ DES VIVRES

À BORD

DES BÂTIMENTS DE LA FLOTTE.

(3 FÉVRIER 1875.)

PARIS.

IMPRIMERIE NATIONALE.

1875.

INSTRUCTION RÉGLEMENTAIRE

SUR

LA COMPTABILITÉ DES VIVRES

À BORD

DES BÂTIMENTS DE LA FLOTTE.

Le Ministre de la Marine et des Colonies,

Vu l'Instruction ministérielle du 11 août 1838, sur la tenue et l'apurement de la comptabilité des vivres à bord des bâtiments de l'État;

Vu l'Instruction générale du 1er octobre 1854, sur la comptabilité du matériel dans les arsenaux maritimes;

Vu le décret du 11 août 1856, portant règlement sur la solde, les revues, l'administration et la comptabilité des équipages de la flotte;

Vu le décret du 20 mai 1868, sur le service à bord des bâtiments de la flotte;

Vu le décret du 24 juin 1870, portant règlement sur le service intérieur à bord des bâtiments de la flotte;

Vu le décret du 16 décembre 1874, sur la composition des rations dans le département de la marine;

Considérant que l'Instruction de 1838 n'est plus en harmonie avec les principes de comptabilité adoptés par le département de la marine pour des services analogues, et ne présente pas d'ailleurs toutes les garanties d'ordre désirables;

Le Conseil d'amirauté entendu,

Arrête ce qui suit :

TITRE Ier.

DISPOSITIONS GÉNÉRALES.

ARTICLE PREMIER.

Le commis aux vivres est comptable et responsable des denrées destinées à assurer le service du bâtiment sur lequel il est embarqué.

1.

Il est tenu d'en représenter l'existant d'après ses écritures, soit au désarmement, soit lorsqu'il est fait des recensements à bord.

Il ne lui est admis en compte que les dépenses ordonnées par l'autorité compétente et dûment justifiées.

La comptabilité des matières, objets, outils et ustensiles de cambuse portés sur la feuille d'armement du commis aux vivres est régie d'après les règles déterminées par le titre IV chapitre II de l'instruction du 1ᵉʳ octobre 1854, sur la comptabilité des matières.

ART. 2.

Les consommations en rations ont lieu par l'ordre de l'officier en second. Cet officier est personnellement responsable de toutes les consommations contraires au règlement qu'il a autorisées ou tolérées, à moins qu'il ne justifie d'un ordre écrit donné par le capitaine.

ART. 3.

Les consommations hors du service en rations sont ordonnées ou prescrites d'après les règles tracées par l'article 64 de la présente instruction.

Les consommations non prévues par le décret du 16 décembre 1874, et que des circonstances exceptionnelles peuvent rendre indispensables, sont ordonnées par le capitaine, sous sa responsabilité.

ART. 4.

La comptabilité des vivres à bord des bâtiments est suivie sur inventaire (modèle n° 35). Cet inventaire, tenu par l'officier d'administration, sert à établir chaque mois la situation des denrées dont le commis est comptable.

Un compte ouvert au détail des subsistances, dans le port auquel appartient le bâtiment, sert à contrôler la comptabilité du bord.

ART. 5.

L'officier d'administration surveille la comptabilité du commis aux vivres. Il est responsable de toutes les omissions de recette et de toutes les dépenses irrégulièrement justifiées qu'il n'a pas signalées.

A la fin de chaque mois, il opère la vérification des faits de comptabilité accomplis pendant le courant de ce mois.

ART. 6.

Le commis aux vivres résume, dans des états, toutes les recettes et toutes les dépenses qui ont eu lieu pendant le mois, à quelque titre que ce soit. Les états de dépense présentent distinctement les consommations en rations, les consommations hors du service en rations, et les consommations non prévues par le décret du 16 décembre 1874, qui ont été ordonnées par le capitaine. Les états mensuels de recette et de dépense sont vérifiés sur pièces par l'officier d'administration, et soumis par lui à la signature de l'officier en second et à celle du capitaine.

Ces pièces, ainsi régularisées, sont destinées à servir de justification à la comptabilité du bord.

L'officier d'administration est tenu de signaler au capitaine toutes les irrégularités qu'il a reconnues, à peine d'en être déclaré personnellement responsable.

ART. 7.

Lors du retour dans l'un des ports de France, après l'achèvement d'une mission qui a motivé des délivrances particulières, en vue de cette mission, l'officier d'administration est tenu, sous sa responsabilité, si le bâtiment ne doit pas être désarmé, de faire connaître par écrit au capitaine les denrées à réintégrer en magasin.

Il est fait mention de cette communication au registre des procès-verbaux.

Délivrances particulières en vue d'une mission spéciale; remises à faire au retour des bâtiments.
(Art. 322 de l'Instrⁿ du 1er octobre 1854.)

ART. 8.

Tous les trois mois, le capitaine, l'officier en second et l'officier d'administration se réunissent pour arrêter la comptabilité du bord, et pour statuer, s'il y a lieu, sur les observations faites par l'officier d'administration, à raison des irrégularités qu'il a reconnues.

Ces officiers sont responsables, au prorata de leurs appointements, des consommations irrégulières ou excessives qu'ils ont admises en compte, sauf appréciation des motifs de ces consommations.

Il est dressé procès-verbal distinct des opérations indiquées par les deux précédents paragraphes. Ces procès-verbaux sont inscrits à leur date sur le registre des procès-verbaux du bord.

Le capitaine, l'officier en second et l'officier d'administration ont le droit de faire insérer leur opinion individuelle au procès-verbal dans l'intérêt de leur responsabilité respective.

Vérification trimestrielle de la comptabilité.
(Art. 323 de l'Instrⁿ du 1er octobre 1854.)

ART. 9.

Les comptables des vivres à bord des bâtiments sont pécuniairement responsables des déficits constatés par la vérification de leurs comptes, et, comme garantie du remboursement de ces déficits, il leur est fait une retenue de la moitié de leur supplément de charge pendant le temps de leur gestion.

Le remboursement des sommes retenues, déduction faite des reprises prononcées pour déficits, ne peut avoir lieu qu'après l'apurement des comptabilités et après notification de la décision prise par le Ministre, sur le vu des pro-

Responsabilité pécuniaire du commis aux vivres. Retenue de garantie.

positions de la Commission d'apurement et du Conseil d'administration du port comptable.

ART. 10.

Le Ministre statue
sur les cas
de responsabilité.
(*Art. 324 de l'Instⁿ*
du 1ᵉʳ octobre 1854.)

Le Ministre prononce sur tous les cas de responsabilité définis par les articles ci-dessus.

ART. 11 [1].

Du droit
à la ration.

Tout individu embarqué, quel que soit son grade ou sa qualité, a droit à la ration, telle qu'elle est fixée par le décret du 16 décembre 1874, sur la composition des rations.

La ration est la propriété de l'État, elle n'appartient pas au rationnaire; la nourriture, seule, est un droit pour tout individu embarqué.

Toute compensation d'une denrée par une autre est interdite.

ART. 12.

Durée du droit
à la ration.

Le droit à la ration s'ouvre, pour chaque rationnaire, le jour de son embarquement, et cesse le jour de son débarquement.

---

[1] « . . . . . Par votre lettre du 15 novembre dernier, vous m'avez soumis des propositions tendant
« à établir une compensation entre les dettes contractées par les différentes tables envers la cambuse et
« les économies de rations réalisées par ces mêmes tables.

« Ainsi que vous le reconnaissez vous-même, cette question a subi des phases diverses; aussi il ne
« me paraît pas sans intérêt de rappeler ici la manière dont elle a été envisagée successivement.

« En 1841, M. l'amiral Duperré, qui avait alors le portefeuille de la marine, s'exprimait dans les
« termes suivants, par une circulaire du 25 décembre :

« *A bord de quelques bâtiments, les officiers, considérant la ration embarquée pour leur usage comme*
« *étant leur propriété particulière, ont prétendu avoir le droit, soit d'en vendre ou échanger les parties qu'ils*
« *ne consommaient point, soit de les laisser à la cambuse pour en réclamer ensuite le remboursement; et cette*
« *fausse interprétation du règlement a donné lieu à des transgressions qu'il est nécessaire d'empêcher à l'a-*
« *venir.*

« *En allouant aux officiers commandants et autres, en sus de leur traitement de table, tout ce qui cons-*
« *titue la nourriture du matelot, on ne s'est pas dissimulé que certaines parties de cette allocation leur seraient*
« *fort souvent inutiles; mais, comme il était indispensable de prévoir le cas où, par des circonstances quel-*
« *conques, ils viendraient à manquer des provisions qu'ils doivent faire au moyen de leur traitement de table,*
« *la ration complète a dû être mise à bord, pour les états-majors comme pour tous les marins, afin que les*
« *moyens de subsistance de l'équipage ne pussent jamais se trouver réduits par cette cause.*

« *C'est donc par une fausse interprétation des règles établies qu'on a revendiqué, au profit de certaines*
« *gamelles, la propriété des parties de la ration qui n'y avaient pas été consommées; il doit être bien entendu,*
« *dorénavant, que ces sortes d'économies appartiennent de droit à l'État, et, à l'avenir, toute infraction aux*
« *règlements en vigueur sur cette matière, devra être attentivement évitée.* »

« Plus tard, à la suite d'une délibération du Conseil d'amirauté, en date du 13 décembre 1844, le
« Ministre de la marine, M. le vice-amiral de Mackau, a adressé dans les ports, le 13 janvier 1845,
« une circulaire ordonnant le remboursement aux tables des états-majors, des élèves et des maîtres, de
« la valeur des économies de rations.

Toutefois le capitaine, l'état-major et les aspirants n'ont droit à la ration que lorsqu'ils ont droit au traitement de table.

ART. 13.

Le droit à la ration est interrompu dans tous les cas d'absence.

Interruption du droit à la ration.

ART. 14.

Il ne peut être fait de réserves de vivres provenant de retranchements *de tout ou partie* de la ration. Les denrées non distribuées demeurent la propriété de l'État.

Interdiction de faire des réserves de vivres. Prise en charge des économies.

ART. 15.

Il est défendu au commis aux vivres de faire aucune délivrance sans un ordre de l'autorité compétente, d'altérer les denrées de quelque manière que ce soit, ni d'en débarquer sans une autorisation expresse.

Défense d'altérer les denrées.

ART. 16.

Lors de l'ouverture du rôle d'équipage, l'officier d'administration remet au commis aux vivres un extrait de revue indiquant le nombre de rationnaires à nourrir en journalier.

Demandes de vivres de journalier.

Les espèces de denrées à délivrer sont déterminées par le décret du 16 dé-

---

« Cet état de choses fut maintenu jusqu'en 1849.

« A l'occasion de la demande de crédits sur exercice clos, à laquelle vous faites allusion, l'Assem-
« blée nationale, dans sa séance du 9 février 1849, ayant refusé d'allouer les sommes affectées à ces
« sortes de remboursement, une circulaire du 12 mars suivant prescrivait de revenir à l'application
« de la décision précitée du 25 décembre 1841.

« C'est cette dernière décision qui sert de règle aujourd'hui.

. . . .

. . . .

« J'ai examiné de nouveau cette affaire avec la plus sérieuse attention, et je n'hésite pas à me pro-
« noncer pour le maintien de l'état de choses actuellement en vigueur. Il convient de ne pas perdre de
« vue, en effet, qu'à aucun titre la ration ne saurait être considérée comme appartenant aux intéressés.
« Elle est et doit rester la propriété de l'État. La consommation, seule, des denrées composant la ra-
« tion, c'est-à-dire la nourriture, est un droit pour les hommes de mer au service de l'État. Ce droit
« trouve sa confirmation dans la prescription de l'ordonnance royale du 25 mars 1765, qui alloue des
« compensations en argent lorsque des événements de force majeure contraignent de réduire la quotité
« de la ration.

. . . .

« En présence des termes de la circulaire précitée de M. l'amiral Duperré, je crois inutile d'insister
« sur le caractère de prudence de la disposition qui accorde la ration à tout le personnel embarqué sans
« distinction (officiers et marins.)

« La plupart du temps, je le sais, les états-majors ne prennent à la cambuse qu'une partie seulement
« des denrées composant la ration; mais les allocations qu'ils reçoivent sous la dénomination de trai-
« tement de table viennent combler cette lacune. » (*Dépêche ministérielle du 12 décembre 1868.*)

Ces principes ont été affirmés de nouveau par une dépêche ministérielle du 19 septembre 1874.

cembre 1874, sur la composition des rations, sauf le cas où, conformément aux dispositions de cet acte, il en serait ordonné autrement par le préfet maritime.

Les vivres de journalier sont pris à terre dans les magasins de la marine, sur demandes qui se renouvellent, autant que possible, tous les dix jours. Ces demandes, accompagnées de l'extrait de revue, ont lieu sur billets (modèles n°s 38 et 38 *bis*) et dans les formes prescrites par les articles 168, 178, 179, 195 et 228 de l'instruction du 1er octobre 1854, sur la comptabilité des matières.

Le commis aux vivres ajoute aux quantités de boisson et de viande fraîche trois pour cent pour subvenir aux déchets de distribution.

Les rectifications à faire aux demandes de vivres, soit par suite d'erreurs, soit par suite de modifications introduites par l'autorité compétente dans la composition de la ration de journalier, sont opérées par les soins du commissaire aux subsistances.

ART. 17.

Demandes de vivres
de campagne.

Lorsque l'ordre est donné, par le préfet maritime, d'embarquer les vivres de campagne, l'officier d'administration remet au commissaire aux subsistances, accompagnés des demandes nécessaires, un extrait de revue et un projet présentant les espèces et les quantités de denrées et de rafraîchissements allouées pour le temps indiqué par l'ordre du préfet maritime.

Il est ajouté aux quantités représentant le nombre de rations à embarquer un supplément de 8 p. o/o pour la farine et le biscuit, et de 10 p. o/o pour les boissons, pour subvenir, à la fois, aux déchets de garde et de distribution.

ART. 18.

Les vivres
de campagne
sont examinés,
avant
l'embarquement,
par une commission.

Le capitaine fait examiner la qualité des vivres de campagne et des rafraîchissements par une commission composée d'un officier de marine, de l'officier d'administration et du médecin-major.

Le commis aux vivres, le boulanger, un maître ou un second-maître, et un sous-officier des troupes passagères, s'il en est embarqué, assistent la commission.

En cas de contestation sur la qualité des vivres ou des rafraîchissements, le préfet maritime fait procéder à une vérification contradictoire, et prononce définitivement.

ART. 19.

Visite des soutes
avant
l'embarquement
des vivres.

Avant l'embarquement des vivres de campagne, le commis aux vivres visite les soutes, les caisses et les futailles destinées à recevoir les denrées et les boissons, et, s'il juge qu'il y ait quelques mesures à prendre, il en rend compte à l'officier d'administration et à l'officier en second.

ART. 20.

La délivrance au commis aux vivres des vivres de journalier et de campagne ne doit avoir lieu qu'en présence d'un chef de corvée (officier, aspirant, officier-marinier ou autre).

A chaque prise de denrées, le garde-magasin des subsistances remet au commis aux vivres un bulletin des délivrances qu'il a effectuées (modèle n° 1). Ce bulletin est présenté à l'officier de quart, qui s'assure que les espèces et quantités de denrées qui y figurent sont réellement introduites à bord.

Le bulletin, remis au commis aux vivres, après constatation faite par l'officier de quart, sert à l'inscription immédiate, au journal des recettes et dépenses, des vivres embarqués.

Le duplicata du billet de demande des vivres de journalier ou de campagne, resté entre les mains du garde-magasin des subsistances, est retiré après complet achèvement de la délivrance.

ART. 21.

Les transports de vivres, tant de l'intérieur des magasins des subsistances à bord des bâtiments que des bâtiments dans l'intérieur des magasins, sont faits par les moyens du bord.

Le commis aux vivres doit suivre le transport des denrées à bord, et du bord dans les magasins.

Si le transport s'effectue sur plusieurs points à la fois, le commis aux vivres est secondé par les agents placés sous ses ordres.

Le commis aux vivres est présent, autant que possible, à l'arrimage des denrées dans le bâtiment, afin que les plus anciennes et celles dont la consommation semble la plus urgente soient placées de façon à être délivrées les premières.

Il fait rebattre et combuger les futailles qui en ont besoin, saumurer les salaisons, etc.

ART. 22.

Les soutes et les cales qui renferment les vivres doivent toujours être fermées à deux clefs; l'une de ces clefs est déposée au bureau du détail, et l'autre reste entre les mains du commis comptable.

Les soutes et les cales ne peuvent être ouvertes qu'en présence d'un aspirant ou d'un officier-marinier.

ART. 23.

Le commis aux vivres s'attache à reconnaître toutes les causes de détériorations qui peuvent se produire dans les soutes qui renferment les vivres. Il s'assure fréquemment de l'état de conservation des denrées.

Tous les lundis il fait, avec le maître calfat, une visite des soutes à biscuit et à légumes.

Il rend compte à l'officier en second et à l'officier d'administration des résultats de ces visites.

ART. 24.

Dans le but de s'assurer :

1° Que les quantités de denrées existant réellement à bord sont conformes à celles qui sont indiquées par la comptabilité;

2° Que ces denrées sont dans un bon état de conservation, des recensements inopinés sont effectués au moins une fois par trimestre, et le résultat de ces opérations est consigné dans un procès-verbal signé de l'officier en second, de l'officier désigné par le capitaine et de l'officier d'administration.

Ce procès-verbal contient tous les détails propres à faire reconnaître les causes auxquelles les excédants, les déficits ou les détériorations doivent être attribués.

Si le recensement de la totalité des denrées présente des difficultés, on se borne à visiter celles dont la conservation peut inspirer des craintes, et celles qui sont susceptibles d'éprouver des déficits, principalement le lard, les conserves, le biscuit, les farines, les boissons, le café et le sucre.

Dans le cas où les circonstances n'ont pas permis d'effectuer des recensements pendant le cours du trimestre, le fait est constaté dans un procès-verbal indiquant les motifs qui ont empêché de se conformer à cette obligation.

Ce procès-verbal est signé par l'officier d'administration, l'officier en second et le capitaine, et transcrit sur le registre des procès-verbaux.

Dans tous les cas, les diverses denrées constituant l'approvisionnement du bord doivent être recensées au moins une fois pendant le cours de chaque année d'armement.

Les différences, soit en plus, soit en moins, résultant des recensements, sont immédiatement portées en recette ou en dépense par le comptable, au moyen d'un extrait de procès-verbal (modèles n°⁵ 2 et 3).

ART. 25.

Le commis aux vivres tient la cambuse habituellement fermée. Il en dépose la clef au bureau du détail.

Lorsque la cambuse doit être ouverte pour les distributions journalières de vivres, il ordonne à ses subordonnés de ne l'ouvrir qu'en présence de la commission qui préside à ces distributions.

S'il est nécessaire d'ouvrir la cambuse à des heures autres que celles des distributions, il en demande la permission à l'officier en second, et veille à ce qu'elle ne soit ouverte qu'en présence d'un sergent ou d'un caporal d'armes désigné à cet effet.

Si le commis aux vivres est absent du bord, l'agent qui le supplée doit être présent à l'ouverture de la cambuse.

ART. 26.

Le 1ᵉʳ et le 15 de chaque mois, le commis aux vivres remet à l'officier d'administration un état des vivres de toute nature existant à bord (modèle n° 9 du décret du 20 mai 1868).

Il remet tous les quinze jours au médecin-major un état des rafraîchissements restant en approvisionnement.

Le commis aux vivres se tient toujours en mesure de fournir, lorsqu'il en est requis, à l'officier en second et à l'officier d'administration, un état des vivres restant à bord.

ART. 27.

Le commis aux vivres se conforme, dans l'emploi des vivres de campagne, aux tableaux réglementaires de distribution des repas et de composition des rations, excepté dans le cas où, par suite de circonstances exceptionnelles, le commandant en chef ou le capitaine, s'il navigue isolément, juge indispensable d'y apporter des modifications.

Le commandant en chef ou le capitaine, selon le cas, rend compte au Ministre de la décision qu'il a cru devoir prendre, et cette décision, qui est motivée, est rapportée à l'appui de la comptabilité du bâtiment.

Le commis aux vivres fait consommer, dès le commencement de la campagne, et aussitôt après avoir épuisé la totalité des vivres de journalier qui restent à bord, au jour du départ, les denrées les moins susceptibles de conservation, et celles qui, dans l'arrimage, n'ont pu trouver place dans les soutes.

ART. 28.

Si, par une cause quelconque, le bâtiment ne se trouve pas suffisamment approvisionné, le capitaine ordonne, dans la ration, les retranchements qu'il juge nécessaires.

S'il est en sous-ordre, les réductions de vivres sont ordonnées par l'officier le plus élevé en grade.

Dans tous les cas, il est dressé un procès-verbal indiquant la portion de la ration qui a été retranchée, ainsi que les causes de ce retranchement, afin qu'il en soit tenu compte à l'équipage au retour en France.

Le remboursement de la valeur des réductions opérées est fait au moyen d'un état nominatif remis au commissaire aux subsistances, chargé de faire ordonnancer ce remboursement, soit par voie de payements directs, soit par voie de versements à la caisse des gens de mer.

2.

ART. 29.

Les vivres et rafraîchissements détériorés ou avariés, les futailles, quarts à farine, caisses, boîtes vides de conserves, bouteilles, etc., qui peuvent être utilisés, doivent être conservés à bord pour être remis dans les magasins de l'État, soit en France, soit dans les colonies.

Dans le cas de remises dans les colonies, le capitaine adresse, à la fin de chaque semestre, au port comptable, pour être transmis au Ministre, un état indiquant la nature, le nombre et la valeur approximative des récipients remis, ainsi que le nom de la colonie où le dépôt a été effectué.

Si la nécessité de se débarrasser de vivres avariés ou de futailles, quarts, etc., est constatée pendant une relâche dans un port étranger où réside un agent consulaire de France, le capitaine se concerte avec cet agent, pour statuer sur l'emploi de ces denrées et de ces objets.

Si le bâtiment se trouve éloigné d'un lieu de relâche, et si les vivres avariés doivent causer de l'infection à bord, le capitaine peut en ordonner le jet à la mer.

Le capitaine peut ordonner de faire détruire, démolir, brûler ou jeter à la mer les futailles, quarts, boîtes, etc., qui seraient une cause d'encombrement pour le bord.

La remise, le débarquement, la destruction et le jet à la mer des denrées, futailles, quarts, etc., n'ont lieu qu'après l'accomplissement des formalités indiquées aux articles 68 et 70 de la présente instruction.

ART. 30.

Indépendamment de la ration, il peut être fait aux tables du capitaine, de l'état-major, des aspirants et des maîtres, des délivrances extra-réglementaires, à charge de remboursement.

Ces délivrances constituent un droit pour la table du capitaine et celle de l'état-major, toutes les fois que les nécessités du service ne s'opposent pas à ce qu'elles soient autorisées. Elles constituent, pour les tables des aspirants et des maîtres, une faculté dont l'exercice est subordonné à l'appréciation du capitaine.

Les délivrances extra-réglementaires aux tables ne doivent avoir lieu que par trimestre, sur un ordre écrit du capitaine, et dans la limite du tiers des quantités de chacune des denrées auxquelles ces tables ont droit trimestriellement d'après les tarifs en vigueur. Ces délivrances sont interdites à bord des bâtiments affectés à un service permanent sur les côtes de France.

L'approvisionnement en vivres des bâtiments n'est jamais augmenté en prévision des délivrances extra-réglementaires qui peuvent se produire pendant la campagne.

ART. 31.

Les délivrances de toute nature faites aux tables donnent lieu à la tenue, par le commis aux vivres, d'un registre spécial (modèle n° 4) présentant un compte particulier pour chacune d'elles. Ce compte indique les quantités de denrées délivrées sur bons des chefs de gamelle. Il est totalisé à la fin de chaque trimestre.

Le rapprochement entre les quantités de denrées délivrées et celles auxquelles les tables avaient droit réglementairement donne la situation de ces tables vis-à-vis de l'État. Cette situation est arrêtée et reconnue exacte à la fin du trimestre, par chaque chef de gamelle, et soumise au visa de l'officier d'administration, de l'officier en second et du commandant du bâtiment.

Si la comparaison des allocations réglementaires avec les délivrances effectuées fait ressortir des économies ou des dettes, les économies restent définitivement la propriété de l'État; l'importance des dettes est immédiatement imputée sur le traitement de table (état modèle n° 5).

Les denrées et liquides cédés sont évalués au moyen du dernier tableau des prix parvenu à bord, avec augmentation de 25 p. o/o lorsque les bâtiments sont absents de France depuis plus de trois mois.

Un état certifié de la situation trimestrielle (modèle n° 6) est transmis au port comptable pour qu'il émette au débit des tables les mandats destinés à rembourser le service des vivres.

Au désarmement, le registre de situation des tables est immédiatement arrêté, vérifié et visé par la commission mentionnée aux articles 392, 496 et 515 du décret du 20 mai 1868, sur le service à bord. Il est ensuite remis au commissaire aux subsistances du port de désarmement, qui poursuit, sans retard, le payement des sommes restant dues par chaque table.

Dans ce but, le commissaire aux subsistances transmet au commissaire aux armements un état indiquant le montant des retenues à exercer; un duplicata de cet état est adressé au chef de la table à laquelle incombent ces retenues.

Il est sursis au parfait payement du traitement de table ou des frais de passage, jusqu'à la liquidation des dettes contractées par les tables.

Si le traitement de table et les frais de passage sont insuffisants pour solder ces dettes, il est fait reprise du complément sur la solde des membres des tables.

Lorsque le bâtiment désarme hors du port auquel il compte, un relevé du registre de situation des tables est transmis au commissaire aux subsistances de ce port, avec l'état du montant des remboursements poursuivis et effectués.

En cas d'erreurs dans les supputations, l'administration du port comptable fait les rectifications nécessaires.

TITRE II.

DES RECETTES.

ART. 32.

Des recettes.
(Art. 325 de l'Instr⁰ⁿ du 1ᵉʳ octobre 1854.)

Les recettes de vivres à bord des bâtiments proviennent :

1° De délivrances faites par les magasins de l'État ;

2° De versements faits par d'autres bâtiments de l'État ;

3° De cessions faites par les marines étrangères et les bâtiments du commerce français ;

4° D'envois faits par les ports ;

5° De délivrances faites par les magasins des stations navales ;

6° De délivrances faites par les magasins dans les colonies ;

7° D'achats faits en pays étrangers ;

8° De déclassements, de changements d'emploi ou de démolitions faits à bord ;

9° De recensement ;

10° D'économies de cambuse ;

11° D'abatage de bœufs et autres animaux de boucherie.

ART. 33.

Délivrances faites par les magasins de l'État.
Art. 332 de l'Instr⁰ⁿ du 1ᵉʳ octobre 1854.)

Les recettes provenant des délivrances faites par les magasins de l'État sont justifiées, soit par les duplicata des billets de demande conformes aux modèles nᵒˢ 38 et 38 *bis* de l'instruction du 1ᵉʳ octobre 1854 et revêtus de la certification des délivrances donnée par le comptable, soit par les bulletins mentionnés en l'article 20 de la présente instruction (modèle nᵒ 1).

ART. 34.

Versements faits par d'autres bâtiments de l'État.
(Art. 334 de l'Instr⁰ⁿ du 1ᵉʳ octobre 1854.)

Les versements faits par les bâtiments de l'État sont ordonnés par le capitaine ou le commandant en chef, si le bâtiment fait partie d'une armée, d'une escadre ou d'une division ; ils sont constatés et justifiés par un état des denrées versées.

Cet état (modèle nᵒ 86 de l'instruction du 1ᵉʳ octobre 1854), dressé en quadruple expédition par le commis aux vivres du bâtiment qui opère le versement, est arrêté par l'officier d'administration et visé par l'officier en second et par le capitaine. Il est revêtu du récépissé du commis comptable, visé par l'officier d'administration, l'officier en second et le capitaine du bâtiment qui reçoit le versement.

Une expédition de l'état de versement est gardée à bord de ce dernier bâtiment; la deuxième est mise à l'appui de la comptabilité du bâtiment qui a opéré le versement, et les deux dernières sont transmises aux commissaires aux subsistances des ports comptables de ces deux bâtiments.

ART. 35.

Les recettes provenant de cessions faites par les marines étrangères et par les bâtiments du commerce français sont constatées et justifiées par un état, en double expédition, des denrées cédées. Cet état est revêtu du récépissé du commis comptable et visé par l'officier d'administration, l'officier en second et le capitaine du bâtiment auquel est faite la cession. Une expédition est conservée à l'appui de la comptabilité du bord, et la deuxième est adressée au commissaire aux subsistances du port où compte le bâtiment.

Cessions faites par les marines étrangères et par les bâtiments du commerce français.
(Art. 58 de l'Instr^{on} du 1er octobre 1854.)

ART. 36.

En cours de campagne, les demandes des vivres qu'il est utile de faire venir des ports de France sont établies dans les mêmes formes et sur les mêmes imprimés que les demandes de matériel.

Elles reproduisent la nomenclature complète des denrées et assaisonnements qui entrent dans la composition de la ration, et font ressortir les prix de ces denrées : 1° en France, d'après le dernier tableau des prix; 2° sur place, d'après les achats antérieurs ou les cours du commerce.

Elles indiquent, en outre, les quantités nécessaires pour assurer le service, l'existant à bord à la date de la demande, et le *reste à se pourvoir*.

Enfin, l'administration du bâtiment observe rigoureusement les proportions dans lesquelles chaque denrée doit entrer dans la composition réglementaire de la ration, et elle fait connaître, par une mention spéciale, dans le cas où l'équipage ne devrait recevoir qu'une partie de la ration des vivres de campagne, le temps pendant lequel elle présume que des vivres frais seront délivrés.

Demandes de vivres à faire venir de France.
(Art. 335 de l'Instr^{on} du 1er octobre 1854.)

ART. 37.

Les recettes de vivres envoyés par les ports sont constatées et justifiées par l'avis d'expédition (modèle n° 59 de l'Instruction du 1er octobre 1854), revêtu du récépissé du commis comptable. Le capitaine du bâtiment qui a reçu les vivres adresse au Ministre un certificat de réception (modèle n° 87 de l'Instruction du 1er octobre 1854), par la première occasion qui se présente. Ce certificat relate le numéro et la date de la facture, ainsi que la désignation du port expéditeur; il fait connaître la date de la prise en charge dans la comptabilité du bord.

Dans le cas où les quantités reçues diffèrent des quantités annoncées par l'avis d'expédition et par la facture, les différences sont constatées par un procès-verbal faisant connaître les causes de ces différences. Ce procès-verbal est mis

Envois faits par les ports.
(Art. 336 de l'Instr^{on} du 1er octobre 1854.)

à l'appui de la comptabilité du bâtiment. Un extrait est annexé au certificat de réception adressé au Ministre.

ART. 38.

Délivrances faites par les magasins des stations navales. (*Art. 337 de l'Instr*^{on} *du 1er octobre 1854.*)

Les délivrances faites par les magasins des stations navales s'opèrent dans les formes prescrites par l'article 34 de la présente Instruction.

ART. 39.

Délivrances faites par les magasins des colonies. (*Art. 338, 406 et 407 de l'Instruction du 1er octobre 1854.*)

Les vivres délivrés dans les colonies aux bâtiments de l'État proviennent, soit des magasins établis pour le service de la métropole, soit des magasins des colonies.

La demande de ces vivres est faite dans les formes déterminées par l'article 33.

Les duplicata des billets de demandes constatent les recettes des bâtiments, indépendamment des états de délivrance qui sont dressés par les soins des fonctionnaires des colonies, et dont une expédition doit être adressée au Ministre par l'administration coloniale.

ART. 40.

Achats faits en pays étranger. (*Art. 339 de l'Instr*^{on} *du 1er octobre 1854.*)

En pays étranger, les achats sont ordonnés par le commandant en chef, si le bâtiment navigue en armée, en escadre ou en division, et par le capitaine, s'il navigue isolément.

Les achats de vivres à l'étranger ne doivent être ordonnés que dans les cas prévus par le décret du 16 décembre 1874, sur la composition des rations.

Tout achat de denrées, autres que celles indiquées comme devant entrer dans l'alimentation des équipages, engage la responsabilité de l'officier qui l'a ordonné.

ART. 41.

Marchés. (*Art. 340 de l'Instr*^{on} *du 1er octobre 1854.*)

Les achats en pays étranger ont lieu :

Soit par marchés passés avec concurrence et publicité;

Soit par marchés passés de gré à gré;

Soit sur factures ou mémoires, lorsque la valeur de l'achat n'excède pas 1,000 francs.

Le mode d'après lequel il doit être traité est déterminé, à raison des circonstances et des localités, par le commandant en chef ou par le capitaine, sur la proposition du commissaire d'escadre ou de division, ou sur celle de l'officier d'administration, suivant qu'il s'agit d'une escadre, d'une division ou d'un bâtiment naviguant isolément.

ART. 42.

Les clauses et conditions des marchés destinés à pourvoir aux besoins d'une armée navale, d'une escadre ou d'une division, sont établies par le commissaire de l'armée, de l'escadre ou de la division. Elles sont soumises à l'approbation du commandant en chef.

Cahiers des charges.
(Art. 341 de l'Instr⁰ⁿ du 1ᵉʳ octobre 1854.)

ART. 43.

Les marchés mentionnés en l'article précédent sont passés par le commissaire de l'armée, de l'escadre ou de la division, en présence d'une commission composée du chef d'état-major, d'un officier de marine et d'un officier du service de santé. Ces marchés sont également soumis à l'approbation du commandant en chef (article 617 du décret du 20 mai 1868).

Passation des marchés, pour les besoins d'une armée navale, d'une escadre ou d'une division.
(Art. 342 de l'Instr⁰ⁿ du 1ᵉʳ octobre 1854.)

ART. 44.

Les clauses et conditions des marchés pour le service d'un bâtiment naviguant isolément sont établies par l'officier d'administration, et soumises à l'approbation du capitaine.

Cahiers des charges. Bâtiment naviguant isolément.
(Art. 343 de l'Instr⁰ⁿ du 1ᵉʳ octobre 1854.)

Les marchés sont passés par une commission composée :

De l'officier en second du bâtiment, *président;*

D'un officier chef de quart désigné par le capitaine;

De l'officier d'administration;

Du médecin-major.

La commission opère avec le concours du commis aux vivres.

Les marchés sont soumis également à l'approbation du capitaine.

ART. 45.

Dans les localités où la France entretient des consuls, les marchés sont passés dans les chancelleries et en présence de ces agents, mais sans leur intervention directe.

Passation des marchés en présence des consuls.
(Art. 344 de l'Instr⁰ⁿ du 1ᵉʳ octobre 1854.)

ART. 46.

Deux expéditions des marchés passés en pays étrangers sont adressées au Ministre par le commandant en chef ou par le capitaine. Ces expéditions sont accompagnées d'un rapport indiquant :

Envoi des marchés au Ministre. Rapport.
(Art. 345 de l'Instr⁰ⁿ du 1ᵉʳ octobre 1854.)

1° Les motifs pour lesquels le marché a été conclu;

2° Les bases d'après lesquelles l'importance de la fourniture a été déterminée;

3° Les dispositions prises pour traiter aux meilleures conditions, en provoquant la concurrence, toutes les fois qu'il y a possibilité de le faire;

4°·Les prix demandés par les divers concurrents ;

5° Les prix courants du commerce dans la localité où le marché a été passé ;

6° Les prix du marché précédent.

Une troisième expédition est déposée, lorsqu'il y a lieu, dans la chancellerie. Le capitaine ou le commissaire d'armée, d'escadre ou de division y inscrit ses observations sur la manière dont les conditions du marché ont été remplies (art. 247 et 617 du décret du 20 mai 1868).

ART. 47.

Recettes de vivres
achetés à l'étranger.
Réception à bord.
(*Art. 346 de l'Instr^m
du 1er octobre 1854.*)

Les vivres livrés en exécution des marchés, et destinés au ravitaillement du bâtiment, sont examinés, avant l'embarquement, par une commission composée comme il est dit à l'article 44. Cette commission constate, par un procès-verbal de recette, la quantité et la qualité des denrées.

Les vivres destinés à être consommés en service courant sont examinés à l'embarquement par le commis aux vivres, qui s'assure de leur qualité, et, s'il y a lieu, les compare à l'échantillon ; les quantités introduites sont constatées par l'officier de quart, au moyen du bulletin mentionné au paragraphe suivant.

Les vivres sont introduits à bord sur bulletins tenant lieu de demandes (modèle n° 1), établis par l'officier d'administration et remis au commis aux vivres qui y fait porter par le fournisseur les quantités qu'il a livrées.

Après constatation des quantités introduites, le bulletin est rendu au commis aux vivres pour servir à l'inscription de la recette sur le livre journal.

Lorsque les vivres sont achetés logés, les contenants sont également pris en charge par le commis aux vivres, et l'inscription en est faite sur le livre journal au moyen du bulletin mentionné aux paragraphes précédents.

ART. 48.

Payement des achats
faits à l'étranger.
Émission
et justification
des traites.
(*Art. 347 de l'Instr^n
du 1er octobre 1854.*)

Le payement des livraisons faites en exécution des marchés passés en pays étranger est effectué au moyen de traites sur le caissier du Trésor public, à Paris.

Les règles relatives à l'émission et à la justification des traites sont déterminées par l'ordonnance du 7 novembre 1845 et par les articles 238 et suivants du règlement financier du 14 janvier 1869.

ART. 49.

Justification
des recettes
provenant d'achats
faits à l'étranger.
(*Art. 348 de l'Instr^m
du 1er octobre 1854.*)

Une expédition du marché et de la facture, et une expédition de l'état de liquidation des vivres achetés en pays étranger, revêtue du récépissé du comptable, justifient et constatent la recette dans la comptabilité du bâtiment.

ART. 50.

Les recettes provenant de déclassements, changements d'emploi et démolitions d'objets condamnés, sont constatées par les procès-verbaux des commissions qui ont visité ces objets; lesdits procès-verbaux sont revètus de l'approbation du capitaine et de la prise en charge du comptable.

Déclassements
et changements
d'emploi.
Démolitions
faites à bord.
(Art. 349 de l'Instr^{on}
du 1er octobre 1854.)

ART. 51.

Les excédants constatés par recensement sont justifiés par un extrait (modèle n° 2) du procès-verbal des officiers que le capitaine a préposés à cette opération; ledit extrait est visé par le capitaine et revêtu de la prise en charge du comptable (modèle n° 2).

Recensements.

ART. 52.

Les recettes provenant des économies de cambuse sont constatées, jour par jour, par l'inscription au casernet de cambuse des rations et portions de rations qui n'ont pas été délivrées et provenant des hommes en permission, absents illégalement ou retranchés par punition.

Économies
de cambuse.

Cette inscription a lieu au moyen d'un état (modèle n° 6) dressé chaque jour par le capitaine d'armes et certifié par l'officier en second (article 284 du décret du 24 juin 1870).

Les recettes d'économies de cambuse sont justifiées au moyen d'un état récapitulatif dressé à la fin de chaque mois. Cet état (modèle n° 7), certifié par l'officier d'administration et par l'officier en second, visé par le capitaine et revêtu de la prise en charge du commis aux vivres, est adressé au port comptable à l'appui de la comptabilité du mois.

ART. 53.

Les recettes provenant d'abatage de bœufs et autres animaux de boucherie sont constatées et justifiées, après chaque opération, par un procès-verbal indiquant l'espèce et le poids brut de l'animal, ainsi que la quantité de viande distribuable qui en provient. Le procès-verbal, dressé par un membre délégué de la commission des vivres ayant assisté à l'opération, est transcrit sur le registre des procès-verbaux mentionné à l'article 83. Il est revêtu des signatures de l'officier d'administration, de l'officier en second et du capitaine. Un extrait du procès-verbal, certifié par l'officier d'administration est remis au comptable pour servir à l'inscription de la recette sur le journal des recettes et des dépenses.

Abatage de bœufs
et autres animaux
de boucherie,
issues diverses,
coupes de bois
et de fourrages.

Un état récapitulatif (modèle n° 8) des recettes provenant d'abatage est dressé à la fin de chaque mois et transmis au port comptable à l'époque indiquée par l'article 86 de la présente instruction. Cet état est signé par l'officier

3.

d'administration, l'officier en second et le capitaine, et revêtu de la déclaration de prise en charge du comptable.

Il n'est pas fait recette des peaux provenant d'abatage ; ces peaux sont mises à la disposition du capitaine, qui en règle l'emploi de la manière la plus avantageuse et par voie de disposition intérieure.

Il en est de même de la graisse de coq et des coupes de bois, de fourrage, etc., ordonnées par le capitaine dans les pays où l'on peut se procurer gratuitement ces objets d'approvisionnement.

ART. 54.

Combustible.

Le charbon de terre nécessaire, en cours de campagne, pour la cuisson des aliments et le service des cuisines distillatoires, est prélevé, à bord des bâtiments à vapeur, sur l'approvisionnement de combustible de la machine. Les recettes provenant de cette origine sont constatées et justifiées au moyen d'un état de versement dressé en trois expéditions.

TITRE III.

DES DÉPENSES, DE LEUR CONSTATATION ET DE LEUR JUSTIFICATION.

———

ART. 55.

Des dépenses.
(*Art. 850 de l'Inst⁻ᵒⁿ du 1ᵉʳ octobre 1854.*)

Les dépenses de vivres à bord des bâtiments de l'État comprennent :

1° Les consommations en rations ;

2° Les consommations hors du service en rations ;

3° Les versements faits aux bâtiments de l'État ;

4° Les cessions faites au service colonial, à des navires de guerre étrangers ou à des navires du commerce ;

5° Les pertes et avaries résultant d'accidents de la navigation ou d'autres causes ;

6° Les remises en magasin ;

7° Les déclassements, changements d'emploi, démolitions ou destructions faits à bord ;

8° Les déficits constatés par recensements ;

9° La nourriture des bœufs ou autres animaux de boucherie ;

10° L'abatage des bœufs ou autres animaux de boucherie.

ART. 56.

Dépenses
du service en rations
et hors du service
en rations.

Les consommations en rations et hors du service en rations ont lieu conformément aux prescriptions du décret du 16 décembre 1874.

ART. 57.

Les consommations en rations sont ordonnées par l'officier en second ; elles comprennent :

1° Les délivrances aux rationnaires en santé ;
2° Les délivrances aux tables ;
3° Les délivrances aux malades ;
4° Les gratifications accordées par ordre du capitaine.

Consommations
en rations.
(Art. 351 de l'Instr⁰ⁿ
du 1ᵉʳ octobre 1854.)

ART. 58.

Les délivrances aux rationnaires en santé s'effectuent au moyen de bons de délivrance (modèle n° 10), signés par l'officier en second, et faisant connaître l'effectif des rationnaires à nourrir pendant la journée.

Les quantités de denrées non distribuées sont indiquées, à la fin de chaque journée, sur un état (modèle n° 6) certifié par l'officier en second, revêtu de la prise en charge du comptable, inscrites sur le casernet de cambuse et portées en recette sur le livre journal.

Délivrances
aux rationnaires
en santé.

ART. 59.

Les délivrances aux tables s'effectuent au moyen de bons de délivrance (modèle n° 11) signés par l'officier, l'aspirant ou le maître chargé de diriger le service de la table, et visés par l'officier en second.

Délivrances
aux tables.

ART. 60.

Les délivrances des rations de malades s'opèrent au moyen d'un extrait du cahier de visite (modèle n° 12) établi par le médecin-major du bâtiment, et visé par l'officier en second.

Délivrances
de rations
de malades.

ART. 61.

Les gratifications accordées par ordre du capitaine sont délivrées sur la production de bons signés par l'officier en second (modèle n° 13).

Gratifications.

ART. 62.

Le premier de chaque mois, les consommations indiquées aux articles 58, 59, 60 et 61, sont récapitulées dans l'état (modèle n° 30) mentionné à l'article 77.

États
de consommations
du service en rations.

ART. 63.

Les consommations hors du service en rations comprennent :

1° Les délivrances supplémentaires de biscuit aux équipages des bâtiments en mission à Terre-Neuve ou naviguant dans les mers boréales ou australes ;

Consommations
hors du service
en rations.

2° Les délivrances spéciales aux équipages des bâtiments de la station d'Islande ;

3° Les délivrances spéciales aux équipages des bâtiments de la station de Terre-Neuve ;

4° Les délivrances aux mousses et apprentis-marins et novices des vaisseaux-écoles spéciaux ;

5° Les délivrances aux apprentis-canonniers du vaisseau-école spécial ;

6° Les délivrances aux hommes pour lesquels la ration réglementaire n'est pas suffisante ;

7° Les délivrances supplémentaires d'eau-de-vie et de vin à l'occasion des réjouissances publiques ou à la suite de travaux extraordinaires ;

8° Les délivrances, à bord des bâtiments à vapeur, au personnel de la machine, lorsque les feux sont allumés ;

9° Les délivrances d'eau-de-vie, de rhum ou de tafia, pour être mêlés à l'eau des charniers à bord des bâtiments stationnant ou naviguant entre les tropiques ;

10° Les délivrances d'eau-de-vie, de rhum ou de tafia, pour être mêlés à l'eau des charniers à bord des bâtiments stationnant ou naviguant en dehors des tropiques, lorsque les circonstances atmosphériques l'exigent ;

11° Les délivrances de jus de citron et de sucre allouées aux bâtiments appelés à naviguer ailleurs que sur les côtes de France ou dans la Méditerranée ;

12° Les délivrances aux malades de volailles, poissons, etc., et autres vivres frais ;

13° Les délivrances aux malades de haricots et de pois verts conservés ;

14° Les délivrances aux malades de vins de Bordeaux, de Marsala et de Bagnols [articles 9 à 22 du décret du 16 décembre 1874] ;

15° Les délivrances de rations pour le compte d'hommes entrés à l'hôpital du bord après l'établissement du bon journalier de délivrance ;

16° Les délivrances d'eau-de-vie pour le combugeage des pièces d'armement ;

17° Les délivrances de vivres aux malades traités à l'hôpital du bord, lorsque, le bâtiment se trouvant sur une rade de France, les malades ne peuvent être envoyés aux hôpitaux à terre.

ART. 64.

Par qui ordonnées.
(Art. 351 de l'Instr^{on} du 1er octobre 1854.)

Les consommations indiquées aux paragraphes numérotés 1°, 2°, 3°, 4°, 5°, 7°, 8°, 9° et 16° de l'article précédent sont ordonnées par le capitaine.

Les consommations indiquées au paragraphe numéroté 6° sont ordonnées par le capitaine du bâtiment avec le concours de l'officier en second et de l'officier d'administration, sur la proposition du médecin-major.

Les consommations indiquées au paragraphe numéroté 10° sont ordonnées par le capitaine, après constatation, par procès-verbal, des circonstances qui les ont motivées.

Les consommations indiquées au paragraphe numéroté 11° sont prescrites par le médecin-major, dans les conditions prévues par les instructions ministérielles.

Les consommations indiquées au paragraphe numéroté 12° sont ordonnées par le capitaine, sur la proposition écrite du médecin-major.

Les consommations indiquées aux paragraphes numérotés 13°, 14° et 17° sont prescrites par le médecin-major, au moyen d'extraits du cahier de visite.

Les consommations indiquées au paragraphe numéroté 15° sont constatées au moyen d'un état de dépense (modèle n° 23) dressé par le commis aux vivres. Elles résultent du rapprochement fait entre le nombre de malades portés sur le bon journalier de délivrance et le nombre de ceux qui figurent sur l'extrait du cahier de visite.

Les délivrances hors du service en rations sont effectuées sur le vu de bons signés par l'officier en second ou d'extraits du cahier de visite délivrés par le médecin-major et visés par l'officier en second.

ART. 65.

Les consommations hors du service en rations sont justifiées par des états mensuels et par nature de dépense (modèles n°ˢ 15, 16, 17, 18, 19, 20, 21, 22 et 24), revêtus des signatures de l'officier d'administration, de l'officier en second et du capitaine.

Ces états sont appuyés, selon le cas, des ordres, procès-verbaux et extraits du cahier de visite mentionnés à l'article précédent.

Consommations
hors du service
en rations.
Justifications.

ART. 66.

Les versements faits aux bâtiments de l'État sont ordonnés par le capitaine ou par le commandant en chef, si le bâtiment fait partie d'une armée, d'une escadre ou d'une division.

Il est dressé, par le commis aux vivres du bâtiment qui opère le versement, un état (modèle 86 de l'Instruction du 1ᵉʳ octobre 1854), en quadruple expédition, des vivres versés. Cet état est arrêté par l'officier d'administration et visé par l'officier en second et par le capitaine ; il est revêtu du récépissé du commis aux vivres chargé, et il porte le visa de l'officier d'administration, de l'officier en second et du capitaine du bâtiment auquel est fait le versement.

Ces expéditions reçoivent les destinations indiquées à l'article 34.

Versements
faits aux bâtiments
de l'État.
(Art. 357 de l'Instr^{on}
du 1ᵉʳ octobre 1854.

ART. 67.

Les cessions faites au service colonial, à des bâtiments de guerre étrangers ou à des navires du commerce, sont constatées et justifiées de la même manière que les versements faits aux bâtiments de l'État.

Cessions.
(Art. 358 de l'Instr^{on}
du 1ᵉʳ octobre 1854.)

Indépendamment de l'expédition qui doit être annexée aux états trimestriels de recette et de dépense, une expédition de l'état de cession est transmise, par la première occasion, au commissaire aux subsistances du port comptable, chargé de pourvoir au remboursement de la valeur des denrées cédées.

S'il s'agit de cession à un navire du commerce, l'état fait mention du port d'armement du navire, du nom et de la résidence de l'armateur.

ART. 68.

Remises
en magasin.
(*Art. 355 et 356
modifiés de l'Instr°ⁿ
du 1ᵉʳ octobre 1854.*)

En cours de campagne et au désarmement, les remises de vivres en magasin s'effectuent sur l'ordre du préfet maritime ou du gouverneur, au moyen de billets conformes aux modèles 20 et 20 *bis* de l'Instruction du 1ᵉʳ octobre 1854.

Le duplicata du billet de remise, revêtu du récépissé du comptable auquel la remise a été effectuée, sert de pièce justificative à l'appui de la comptabilité du bâtiment.

La remise de vivres avariés ne peut s'effectuer qu'après l'autorisation donnée par le préfet maritime ou par le gouverneur, sur le vu du procès-verbal de la commission du bord qui a constaté l'état des denrées.

En cas de désarmement en pays étranger, il est dressé un procès-verbal des vivres, etc., remis à terre.

Lorsqu'il y a lieu de procéder à l'étranger, en exécution des dispositions de l'article 29, à la remise au consul de vivres avariés ou de fûts, caisses, etc., non susceptibles d'être conservés à bord, il est dressé procès-verbal des espèces et quantités ainsi remises.

Le commis signe ces procès-verbaux et en rapporte une expédition à l'appui de ses comptes.

ART. 69.

Pertes et avaries
résultant d'accidents
de la navigation
ou d'autres causes.
(*Art. 353 de l'Instr°ⁿ
du 1ᵉʳ octobre 1854.*)

Les pertes résultant d'accidents de navigation sont constatées et justifiées par des procès-verbaux dressés par l'officier d'administration, dans les vingt-quatre heures de l'événement, au vu du rapport détaillé inscrit sur le journal du bord par l'officier de quart.

Ces procès-verbaux sont visés par l'officier en second et par le capitaine.

Les avaries résultant d'une cause quelconque sont constatées et justifiées par des procès-verbaux dressés par une commission composée comme il est dit à l'article 70 de la présente instruction.

Dans l'un et l'autre cas, ces procès-verbaux contiennent tous les détails propres à faire reconnaître les causes auxquelles les pertes ou avaries doivent être attribuées.

Ils sont adressés, à la fin du trimestre, au commissaire aux subsistances, pour être soumis, le plus tôt possible, à l'appréciation du Ministre, conformément aux dispositions de l'article 99 de la présente instruction.

ART. 70.

Les déclassements, changements d'emploi, démolitions ou destructions des vivres, etc., ne sont opérés que sur l'ordre du capitaine du bâtiment, ou sur celui du commandant en chef si le bâtiment navigue en armée, escadre ou division.

L'état des denrées et objets, et la nécessité d'en prescrire le déclassement ou le changement d'emploi, la démolition ou la destruction, sont constatés par une commission nommée par le commandant en chef ou par le capitaine du bâtiment.

Cette commission est composée :

De l'officier en second, *président;*

D'un officier de marine ;

De l'officier d'administration;

Et du médecin-major, s'il y a lieu.

Elle est assistée du commis aux vivres comptable, et, s'il y a lieu, du boulanger ou du tonnelier.

L'ordre de déclassement, de changement d'emploi, de démolition ou de destruction est donné au pied du procès-verbal de la commission.

Le déclassement, le changement d'emploi, la démolition ou la destruction sont constatés par un procès-verbal inscrit à la suite du procès-verbal de condamnation. Des extraits de ces procès-verbaux servent de pièces justificatives de dépense des denrées et objets déclassés, changés d'emploi, détruits ou démolis.

Déclassements, changements d'emploi, démolitions et destructions faits à bord. (Art. 355 de l'Instr⁰ⁿ du 1ᵉʳ octobre 1854.)

ART. 71.

Les déficits constatés par recensements sont justifiés par un extrait du procès-verbal des officiers que le capitaine a préposés à cette opération. Cet extrait est visé par le capitaine.

Une expédition du procès-verbal est adressée au port comptable, pour être, le plus tôt possible, soumise à l'appréciation du Ministre, qui statue conformément aux dispositions de l'article 99 de la présente instruction.

Déficits constatés par recensements. (Art. 359 de l'Instrⁿ du 1ᵉʳ octobre 1854.)

ART. 72.

Les dépenses effectuées pour la nourriture des bœufs et autres animaux de boucherie sont justifiées, à la fin de chaque mois, par un état (modèle n° 25) vérifié par l'officier d'administration, visé par l'officier en second et par le capitaine, et indiquant les quantités de fourrages ou denrées consommées.

Nourriture des bœufs, etc.

ART. 73.

L'abatage des bœufs et autres animaux de boucherie est justifié par les procès-verbaux et états mentionnés à l'article 53.

Abatage des bœufs vivants, etc.

TITRE IV.

DE LA COMPTABILITÉ DES VIVRES EN COURS DE TRANSPORT.

ART. 74 [1].

La comptabilité des vivres en cours de transport est régie par les dispositions des articles 360 à 373 de l'Instruction du 1ᵉʳ octobre 1854.

---

[1]   (INSTRUCTION DU 1ᵉʳ OCTOBRE 1854.)
Des objets en cours de transport.

ART. 360.

Le capitaine d'un bâtiment est responsable des objets qui sont déposés à bord pour être transportés à une destination quelconque (art. 17 du règlement du 13 décembre 1845) (a).

Lorsque les objets sont contenus dans des caisses, fûts, colis, etc., le capitaine n'est responsable que du nombre et de la conservation de ces caisses, fûts, colis, etc.

Le magasinier tient un compte spécial (modèle n° 89) des transports effectués par le bâtiment (b).

ART. 361.

Sur l'ordre qui lui a été donné de recevoir à bord des objets destinés à un port de France, à un établissement colonial, à une station navale ou à un bâtiment en cours de campagne, le capitaine d'un bâtiment délègue un officier ou un aspirant pour assister à la visite et au récolement des objets ou des colis à transporter.

Une expédition de l'état des objets à transporter est remise au capitaine. (art. 222). Le magasinier transcrit les indications présentées par les états qui lui sont communiqués à cet effet sur le registre (modèle n° 89) des objets en cours de transport. Lorsque les matières et les objets sont renfermés dans des caisses ou colis, il ne relate sur le registre que le numéro, les marques et le poids de chacun de ces colis ou caisses, et le nombre des articles qui y sont contenus. Il donne aux états des objets à transporter une série de numéros d'ordre qui se continue sans interruption jusqu'au désarmement ou jusqu'au changement de capitaine.

ART. 362.

A l'égard des envois de port à port et aux colonies, le capitaine, lors de l'arrivée aux lieux de destination, fait livrer aux services destinataires les objets qu'il a transportés. Un officier ou un aspirant du bord est délégué par lui pour assister à la visite et à la reconnaissance de ces objets, ou, s'ils sont emballés, à celle des caisses et colis qui les renferment ; il en retire récépissé sur le registre des objets

---

(a) «Quel que soit le mode employé pour l'exécution des transports de matériel d'un point sur un autre, au-«cune quantité de denrées ou de matières, aucun objet appartenant au service ne peut sortir des mains du «comptable expéditeur sans être pris en charge par un tiers qui en devient responsable pendant la durée du mou-«vement, selon les cas ci-après; savoir : 1° pour les transports par bâtiments de l'État, le capitaine est respon-«sable; 2° pour les transports exécutés en vertu de marchés, contrats d'affrétement, la responsabilité de l'agent «chargé du transport est déterminée par les lois et usages du commerce et par les conventions des parties.» (*Règlement du 13 décembre 1845, art. 17.*)

(b) «J'ai remarqué que les registres des objets en cours de transport qui m'ont été transmis jusqu'à ce jour «étaient trop volumineux. Quelques pages seulement ont suffi pour enregistrer le matériel transporté pendant «toute la période d'un commandement, même pour les bâtiments qui, par la nature de leur armement ou de «leur service, ont opéré le plus de transports. Vous voudrez bien donner des ordres pour qu'à l'avenir le maxi-«mum des feuillets formant les registres dont il s'agit ne dépasse pas trente (soixante pages).» (*Circulaire du 26 mai 1851; B. O., p. 432.*)

TITRE V.

DES LIVRES ET DES ÉCRITURES.

CHAPITRE Ier.

DES ÉCRITURES DU COMMIS AUX VIVRES COMPTABLE.

ART. 75.

Les écritures du commis aux vivres se composent, indépendamment de la feuille d'armement :

1° D'un livre journal des recettes et des dépenses (modèle n° 26) ;

Registres tenus par le commis aux vivres.

---

en cours de transport. La date de la livraison est annotée sur ce registre. Le capitaine transmet au Ministre l'état d'expédition resté entre ses mains (art. 222) (a); cet état est préalablement annoté de la date de la remise et revêtu du récépissé du destinataire.

Dans le cas où des circonstances impérieuses, nées des exigences de la navigation, n'auraient pas permis à un capitaine d'accomplir toutes les formalités exigées pour assurer sa libération, il serait dressé à bord un procès-verbal spécial dont une ampliation serait adressée au Ministre par la plus prochaine occasion (art. 364, 369 et 370).

ART. 363.

Le versement des objets destinés aux bâtiments en cours de campagne est opéré au moyen de la facture et de l'avis d'expédition du port qui a effectué l'envoi. Il est donné récépissé sur le registre des objets en cours de transport, ainsi que sur la facture, qui est ensuite transmise au Ministre par le capitaine du bâtiment qui a opéré le transport. La date du versement est annotée tant sur la facture que sur le registre des objets en cours de transport.

Ainsi qu'il est dit à l'article 336, le capitaine du bâtiment qui a reçu les objets fait parvenir au Ministre un certificat de réception. Il remet l'avis d'expédition à l'officier d'administration pour servir de pièce justificative à l'appui de sa comptabilité.

ART. 364.

Si, par cas de force majeure, les objets destinés à un bâtiment sont versés à un autre bâtiment, le capitaine est tenu de constater ou de faire constater cette circonstance, et de joindre cette constatation à l'expédition de la facture à adresser au Ministre.

Lorsque les objets transportés sont destinés à une escadre ou à une station navale, sans désignation spéciale de bâtiment, ou à un bâtiment momentanément éloigné du centre de la station, ils sont versés au magasin de la station ou à bord du bâtiment désigné par le commandant en chef. Le récépissé en

---

(a) « Aux termes de l'article 262 (362 et 363 nouveaux) de l'Instruction générale du 15 janvier 1846, le com-
« mandant d'un bâtiment qui a fait un transport de matériel doit, lorsque ce matériel a été remis à destination,
« me transmettre l'expédition de la facture restée entre ses mains, annotée de la date de la remise et revêtue du
« récépissé du destinataire.

« Ces dispositions ont été souvent perdues de vue; veuillez rappeler aux commandants des bâtiments placés
« sous vos ordres qu'ils sont personnellement responsables du matériel dont le transport leur a été confié, et
« qu'en négligeant de me faire parvenir les pièces justificatives de la remise de ce matériel, ils s'exposent à être
« obligés de rembourser la valeur des objets dont la réception, la perte ou l'emploi ne serait pas justifié. » (*Circul.*
du 3 avril 1851, B. O., pag. 304.)

2° D'un registre-balance (modèle n° 27);

3° D'un casernet de cambuse (modèle n° 28).

ART. 76.

Les pièces justificatives des recettes et des dépenses sont inscrites à leur date, par le commis aux vivres, sur le livre journal. Il leur est donné un numéro d'une série qui est renouvelée chaque année.

Les dépenses effectuées sur bons de délivrance et extraits du cahier de visite sont récapitulées chaque jour dans un bordereau (modèle n° 29) et enregistrées au livre journal en un seul article.

Les bons de délivrance, les extraits du cahier de visite et l'état des économies de cambuse sont communiqués chaque jour à l'officier d'administration, qui les vérifie, les parafe et les rend au commis aux vivres.

---

est donné, sous le visa du commissaire de l'escadre ou de la division, par le préposé au magasin de la station, ou par le magasinier du bâtiment qui a reçu les objets. Il est adressé au Ministre les pièces mentionnées dans l'article précédent (a).

ART. 365.

Dans les cas prévus par l'article précédent, le commandant en chef arrête la répartition à faire des objets entre les différents bâtiments faisant partie de l'escadre ou de la station.

Le commissaire de l'escadre ou de la division dresse, en deux expéditions, un état (modèle n° 90) indiquant cette répartition. Le versement effectif des objets est accompagné d'un état (modèle n° 86) en simple expédition, certifié par le commissaire de la division. Une expédition de l'état de répartition, appuyée des certificats de réception mentionnés en l'article 336, est adressée au Ministre; l'autre expédition, appuyée des états des objets à transporter, dressés par le port expéditeur et revêtue des récépissés des parties prenantes, justifie la sortie des objets dans la comptabilité du magasin de l'escadre ou de la station.

ART. 366.

Les versements d'objets réputés hors de service qui sont effectués par des bâtiments en cours de campagne à d'autres bâtiments qui rentrent en France sont inscrits sur les registres des objets en cours de transport (art. 361). Le capitaine du bâtiment qui a opéré le versement fait parvenir au Ministre un état des objets versés. A l'arrivée au port de destination, la remise a lieu dans les formes ordinaires et pour compte du bâtiment qui a effectué le versement.

Les duplicata des billets de remise, annotés du numéro et de la date du versement et de la désignation du bâtiment qui a effectué ce versement, sont remis par le capitaine au préfet maritime (b) pour être envoyés au Ministre. Il est fait inscription sur le registre des objets en cours de transport, de la date de la remise, du service auquel cette remise a été effectuée, et de la date de l'envoi des duplicata des billets au préfet maritime.

ART. 367.

Dans les localités où il existe un magasin des stations navales, soit à bord d'un bâtiment, soit à terre, les objets hors de service à bord des bâtiments affectés à la station peuvent être versés dans ce magasin.

Il est donné récépissé, par l'agent du magasin, au bâtiment qui effectue la remise.

Un duplicata du récépissé, portant la certification de prise en charge par le comptable qui a reçu, est adressé au Ministre.

(a) Voir le renvoi de l'article 362.

(b) *Idem.*

ART. 77.

Au commencement de chaque mois, le commis aux vivres dresse, au moyen du livre journal, des états récapitulatifs (modèles n°ˢ 30 et 31) des recettes et des dépenses de toute nature effectuées à bord pendant le mois écoulé. Ces états, appuyés de toutes les pièces justificatives, sont signés par le comptable, vérifiés par l'officier d'administration et visés par l'officier en second et par le capitaine. A la même époque, l'officier d'administration s'assure que toutes les recettes et toutes les dépenses effectuées pendant le mois ont été inscrites au

État mensuel
des recettes
et des dépenses.

Les renvois d'objets hors de service effectués par les magasins des stations navales ont lieu pour compte de chacun des bâtiments qui ont opéré des versements, suivant les formes prescrites par l'article précédent.

ART. 368.

Le matériel ayant appartenu à un bâtiment naufragé est rapporté en France et remis en magasin pour compte du bâtiment d'où il provient; il est porté en recette, à la décharge de ce bâtiment, sous le titre *Sauvetages*. (art. 111).

ART. 369.

Lorsque des objets en cours de transport ont été perdus ou avariés en route, le capitaine doit faire constater par un procès-verbal, dans la forme déterminée par l'article 353, l'événement qui a occasionné l'avarie ou la perte. Le procès-verbal relate le numéro et la date de la facture d'envoi, la désignation du service et du port expéditeurs, la nature et la quantité des objets perdus ou avariés, la désignation du port ou du bâtiment auquel les objets étaient destinés.

Cet acte est inscrit à sa date sur le registre des objets en cours de transport; il en est fait mention sur le journal du bord. Il en est donné avis au bâtiment auquel les objets étaient destinés.

ART. 370.

Le capitaine est tenu d'adresser au Ministre (a), par deux occasions différentes, deux extraits du procès-verbal constatant la perte ou l'avarie des objets en cours de transport. Toutefois, lorsqu'il s'agit d'objets destinés pour un port de France, un des deux extraits du procès-verbal de perte est remis au chef du service qui devait recevoir lesdits objets. Cet extrait est ultérieurement annexé au certificat de réception à adresser au Ministre (art. 122).

ART. 371.

A l'époque du désarmement ou à l'époque de la cessation de son commandement, le capitaine du bâtiment arrête et certifie le registre des objets en cours de transport. Il le remet ensuite au préfet maritime, qui l'adresse au Ministre.

ART. 372.

Les factures, certificats de réception ou états de répartition adressés au Ministre, en exécution des articles 336, 363 et 365, sont communiqués aux ports auxquels appartiennent les bâtiments. Les objets portés sur ces documents sont inscrits sur l'inventaire tenu au détail des travaux. Cette inscription est certifiée sur les états, qui sont ensuite renvoyés au Ministre.

ART. 373.

Le compte des objets en cours de transport est suivi au ministère de la marine. Ce compte est arrêté au désarmement du bâtiment, ou lors du changement du capitaine.

(a) Voir le renvoi de l'article 362.

livre journal. Ce registre est ensuite visé par l'officier d'administration [et par l'officier en second.

ART. 78.

Registre-balance. Le commis aux vivres reporte sur le registre-balance les résultats des états de recette et de dépense mentionnés à l'article précédent.

Il remet ensuite ces états à l'officier d'administration, avec toutes les pièces justificatives.

ART. 79.

Casernet de cambuse. Le commis aux vivres inscrit, chaque jour, sur le casernet de cambuse :

1° La nature des denrées délivrées aux hommes de l'équipage en santé ;

2° Les retenues qui ont été opérées aux distributions, pour cause d'absence ou de punitions ;

3° Les ordres en vertu desquels il a été dérogé à la composition normale des repas.

Le casernet de cambuse est, à la fin de chaque jour, vérifié au moyen des bons de délivrance et des états d'économie de la cambuse, et parafé par l'officier en second et par l'officier d'administration.

CHAPITRE II.

DES LIVRES ET ÉCRITURES DE L'OFFICIER D'ADMINISTRATION.

ART. 80.

Registres tenus par l'officier d'administration.
(Modèles n°s 95 et 96 de l'Instruction du 1er octobre 1854. Art. 390 de la même Instruction.)

L'officier d'administration tient :

Un rôle de rations (modèle n° 32) ;

Un livret d'enregistrement des billets de demande et de remise (modèle n° 33) ;

Un registre des procès-verbaux (modèle n° 34) ;

Un inventaire-balance des denrées (modèle n° 35).

ART. 81.

Rôle de rations. Le rôle de rations est destiné à la constatation des droits à la ration du personnel embarqué.

Il contient :

1° L'enregistrement des mouvements du bâtiment ;

2° L'effectif journalier des rationnaires ;

3° L'indication du nombre de rations de chaque espèce de denrées auxquelles ont eu droit chaque jour :

1° **Les hommes en santé;**

2° **Les hommes en traitement à l'hôpital du bord;**

4° **Le contrôle nominatif des rationnaires.**

ART. 82.

Le livret d'enregistrement des billets de demande et de remise est destiné à l'enregistrement sommaire de tous les billets qui sont expédiés par le commis aux vivres.

Il indique le numéro et la date des billets, ainsi que la date de la délivrance ou de la remise effectives.

Le livret sert également à l'enregistrement sommaire de toutes autres pièces de recette et de dépense.

Au moyen de ce livret, l'officier d'administration s'assure que tous les duplicata des billets de demande et de remise, ainsi que toutes autres pièces de recette et de dépense, lui sont remis par le commis aux vivres, et qu'aucune omission n'est faite sur le journal.

Livret d'enregistrement des billets de demande et de remise et autres pièces de recettes et de dépenses. (Art. 393 de l'Instr⁰ⁿ du 1ᵉʳ octobre 1854.)

ART. 83.

Les procès-verbaux constatant les pertes, les avaries, les consommations hors du service en rations, les recensements, les visites de vivres, etc., sont inscrits sur le registre à ce destiné. Ils portent une série de numéros d'ordre qui continue jusqu'au désarmement.

Registre des procès-verbaux. (Art. 394 de l'Instr⁰ⁿ du 1ᵉʳ octobre 1854. Modèle n° 96 de ladite instruction.)

ART. 84.

L'officier d'administration inscrit, au commencement de chaque mois, sur l'inventaire-balance, les recettes et les dépenses effectuées pendant le mois précédent.

Inventaire. Balance. (Art. 396 de l'Instr⁰ⁿ du 1ᵉʳ octobre 1854.)

ART. 85.

Avant de faire inscription des recettes et des dépenses, l'officier d'administration s'assure de l'exactitude des états mensuels qui lui sont remis en vertu de l'article 77. Il vérifie la régularité des consommations.

Ainsi qu'il est dit à l'article 6, il signale, au moment de la vérification mensuelle, au capitaine et à l'officier en second, toutes les consommations qui lui paraissent irrégulières.

Vérification des états mensuels des recettes et des dépenses. (Art. 395 de l'Instr⁰ⁿ du 1ᵉʳ octobre 1854.)

ART. 86.

Dans les quinze premiers jours de chaque trimestre, les registres de la comptabilité sont vérifiés et arrêtés dans les formes déterminées par l'article 8.

Les états mensuels constatant les recettes et les dépenses (art. 77) sont ensuite adressés au port chargé de suivre la comptabilité du bâtiment. Ils sont

Vérification trimestrielle de la comptabilité à bord. Envoi des pièces au port comptable.

Justifications
conservées à bord.
Feuilles
de mouvements.
(*Art. 397 de l'Instr*ᵒⁿ
*du 1*ᵉʳ *octobre 1854.*)

appuyés des états, procès-verbaux et ordres mentionnés aux articles 34, 35, 49, 50, 51, 52, 53, 54, 65, 66, 67, 68, 69, 70, 71, 72 et 73 de la présente instruction.

Les bons de délivrance, les extraits du cahier de visite, les duplicata des billets de demande et de remise, les bulletins, les avis d'expédition, ainsi que le double des justifications adressées au port comptable, sont conservés à bord, à l'appui de la comptabilité du bâtiment.

L'envoi, par bordereau, des pièces de comptabilité, est accompagné de feuilles numériques de mouvements (modèle n° 36) établies pour chacun des mois du trimestre, et indiquant l'effectif journalier du personnel ayant eu droit à la ration.

L'officier d'administration porte sur les feuilles de mouvements la qualité des passagers qui y figurent. Il a soin d'indiquer les nom, profession, nationalité et lieu de naissance de ceux qui sont admis à charge de remboursement, et de mentionner les dates et les lieux d'embarquement et de débarquement des passagers.

Il joint aux feuilles de mouvements des copies des ordres d'embarquement des passagers simples rationnaires.

Les copies des ordres concernant les passagers aux tables sont envoyées au commissaire aux armements, chargé de faire opérer la répétition des sommes dues tant pour frais de passage que pour la valeur des rations délivrées.

Chacune de ces copies doit porter la mention suivante :

L'officier d'administration de . . . . déclare que, pendant . . . . jours de présence à bord des passagers ci-dessus désignés, l'équipage a vécu (en campagne ou en journalier).

Les ordres d'embarquement des passagers devant donner lieu à remboursement indiquent, de la manière la plus explicite, par qui le remboursement doit être effectué.

ART. 87.

Procès-verbaux
des vérifications
mensuelles
et trimestrielles.
(*Art. 398 de l'Instr*ᵒⁿ
*du 1*ᵉʳ *octobre 1854.*)

Il est dressé procès-verbal distinct des résultats de la vérification mensuelle des consommations et de l'arrêté trimestriel des registres de la comptabilité. Ces procès-verbaux sont inscrits à leur date sur le registre des procès-verbaux.

ART. 88.

Vérification
trimestrielle
du commissaire
aux subsistances.
(*Art. 399 de l'Instr*ᵒⁿ
*du 1*ᵉʳ *octobre 1854.*)

Sur les rades et dans les ports de France, la comptabilité des bâtiments qui ne font pas partie d'une escadre ou d'une division est présentée tous les trois mois à la vérification du commissaire aux subsistances. Le casernet de cambuse est soumis à son visa tous les quinze jours.

Dans les vingt-quatre heures de l'arrivée, sur une rade de France, des bâtiments qui ne font point partie d'une escadre ou d'une division, l'officier d'administration remet au commissaire aux subsistances le registre des procès-verbaux, le rôle de rations, l'inventaire-balance, le journal des recettes et des dépenses, et le casernet de cambuse, ainsi que tous les autres documents dont il lui est demandé communication.

Le commissaire aux subsistances vérifie ces différents registres comme il est dit à l'article 99, et les remet immédiatement à l'officier d'administration.

A la fin de chaque trimestre, le commissaire aux subsistances dresse, pour être transmis au Ministre, un rapport sommaire sur les résultats des vérifications qu'il a opérées. (Modèle n° 37.)

ART. 89.

Dans le courant du mois de janvier de chaque année, l'officier d'administration dresse, au moyen de l'inventaire-balance, un état (modèle n° 38) indiquant le restant à bord à l'époque du 31 décembre de l'année précédente.

Cet état, revêtu de sa certification et de celle de l'officier en second, est visé par le capitaine. Il est transmis au commissaire aux subsistances du port qui compte de la dépense du bâtiment, en même temps que les pièces justificatives des recettes et des dépenses du quatrième trimestre.

État
du restant à bord
au 1ᵉʳ janvier.
(Art. 401 de l'Instrⁿ
du 1ᵉʳ octobre 1854.)

ART. 90.

Au désarmement, l'officier d'administration fait ressortir, sur l'inventaire-balance, les différences en plus et en moins qui peuvent exister entre les recettes et les dépenses.

Clôture
de la balance
au désarmement.
(Art. 402 de l'Instrⁿ
du 1ᵉʳ octobre 1854.)

ART. 91.

Après le désarmement, ou en cas de changement de l'officier d'administration, tous les registres de la comptabilité des vivres sont arrêtés dans les formes prescrites par l'article 8.

Arrêté des registres
au désarmement,
ou en cas
de changement
d'officier
d'administration.
(Art. 403 de l'Instrⁿ
du 1ᵉʳ octobre 1854.)

TITRE VI.

DU COMMISSAIRE D'ARMÉE, D'ESCADRE OU DE DIVISION.

ART. 92.

Conformément aux dispositions du décret du 20 mai 1868 sur le service à bord, le commissaire d'armée, d'escadre ou de division est chargé de diriger et de vérifier la comptabilité-vivres des bâtiments faisant partie de l'armée, de l'escadre ou de la division.

Action
du commissaire
d'armée, d'escadre
ou de division
sur la comptabilité
des bâtiments
de l'armée,
de l'escadre
ou de la division.
(Art. 410 et 411
de l'Instruction
du 1ᵉʳ octobre 1854.)

ART. 93.

Le commissaire d'armée, d'escadre ou de division veille à ce que les écritures soient tenues régulièrement et dans la forme prescrite par la présente instruction. Il procède, au moins une fois par trimestre, lorsque les circonstances de la navigation le permettent, à l'examen approfondi de toutes les parties de la comptabilité de chacun des bâtiments composant l'armée, l'escadre ou la division.

Il constate cette vérification sur les divers registres de la comptabilité.

ART. 94.

Il s'assure que les consommations sont régulièrement justifiées, et conformes aux prescriptions et fixations réglementaires.

Il prend connaissance des observations insérées au registre des procès-verbaux en vertu de la faculté accordée par l'article 85. Il consigne sur ce registre ses observations personnelles.

ART. 95.

Le commissaire d'armée, d'escadre ou de division remet au commandant en chef un rapport sur les vérifications prescrites par les deux articles précédents, et provoque les mesures nécessaires pour le redressement des irrégularités qu'il a remarquées.

Le commandant en chef fait connaître, en marge de ce rapport, la suite donnée aux observations du commissaire d'armée, d'escadre ou de division. Le rapport est, ensuite, adressé au Ministre; il est accompagné d'un état (modèle n° 37) indiquant la situation de la comptabilité des divers bâtiments faisant partie de l'armée, de l'escadre ou de la division.

ART. 96.

En cas de changement ou de remplacement, dans le courant de la campagne, de l'officier d'administration d'un bâtiment faisant partie de l'armée, de l'escadre ou de la division, le commissaire d'armée, d'escadre ou de division assiste au récolement des registres et des pièces concernant la comptabilité.

Il arrête cette comptabilité et constate l'opération par un procès-verbal qui est signé par l'officier d'administration débarquant, par l'officier d'administration embarquant, par l'officier en second et par le capitaine.

Dans le cas où le commissaire d'armée, d'escadre ou de division serait dans l'impossibilité absolue d'assister à la remise du service, il serait procédé comme il est dit à l'article 8, sur l'ordre du commandant en chef.

ART. 97.

Le commissaire d'armée, d'escadre ou de division, au moment de la cessation de ses fonctions, dresse, pour être transmis au Ministre, un rapport circonstancié sur l'ensemble du service administratif et de la comptabilité des vivres à bord de tous les bâtiments faisant partie de l'armée, de l'escadre ou de la division. (Décret du 20 mai 1868, art. 622). — Il y consigne les observations qu'il a adressées au commandant en chef conformément à l'article 95, et la suite que ces observations ont reçue.

Rapport au Ministre en fin de campagne.
(Art. 415 de l'Instr⁰ⁿ du 1ᵉʳ octobre 1854.)

TITRE VII.

DU COMMISSAIRE AUX SUBSISTANCES.

—

ART. 98.

Le commissaire aux subsistances tient, pour chaque bâtiment, un compte ouvert.

Ce compte est suivi au moyen des pièces de recette et de dépense de chaque bâtiment.

Le commissaire aux subsistances tient un compte ouvert par bâtiment.
(Art. 416 et 417 de l'Instruction du 1ᵉʳ octobre 1854.)

ART. 99.

Lors de la réception des états de recette, de dépense et autres pièces dont l'envoi est prescrit par la présente instruction, ou de la communication qui lui est faite des registres de la comptabilité, le commissaire aux subsistances fait opérer la vérification de ces documents.

Il requiert de l'administration du bâtiment la rectification des erreurs qu'il a reconnues.

Les procès-verbaux de pertes et de recensements sont soumis, le plus tôt possible, avec l'avis du conseil d'administration du port, au Ministre, qui statue définitivement.

Le commissaire aux subsistances conserve toutes les pièces pour servir ultérieurement à la vérification de la comptabilité du bâtiment.

Vérification des pièces de comptabilité transmises par le bâtiment. Envoi à l'approbation du Ministre des procès-verbaux de recette et de recensements.
(Art. 418 de l'Instr⁰ⁿ du 1ᵉʳ octobre 1854.)

TITRE VIII.

DE LA VÉRIFICATION DES COMPTES ET DE LA LIBÉRATION DES COMPTABLES.

—

ART. 100.

Les comptes des bâtiments sont jugés administrativement, soit lors du désarmement définitif, soit lors du désarmement administratif.

Jugement administratif des comptes des bâtiments.
(Art. 420 de l'Instr⁰ⁿ du 1ᵉʳ octobre 1854.)

ART. 101.

La comptabilité est apurée dans le port où comptait le bâtiment à l'époque de son désarmement.

Si, pendant la durée d'un armement, le bâtiment change de port d'attache, le commissaire aux subsistances du port auquel le bâtiment est rattaché reçoit du port qui comptait de la dépense toutes les pièces et documents relatifs à la comptabilité.

ART. 102.

Lorsque le bâtiment désarme dans son port d'attache, l'officier d'administration remet au détail des subsistances, dans le mois qui suit la clôture du rôle d'équipage, les registres de la comptabilité, appuyés des pièces justificatives de recette et de dépense, classées dans un ordre régulier.

Si le bâtiment désarme dans un port autre que celui qui compte de la dépense, les registres et pièces de comptabilité sont remis, dans le même délai, au commissaire aux approvisionnements, qui les fait parvenir au commissaire aux subsistances du port chargé de l'apurement des comptes.

L'officier d'administration remet, à la même époque, au commissaire aux subsistances, un rapport circonstancié des remarques qu'il aurait pu faire pendant la campagne :

1° Sur la qualité et la conservation des denrées ;

2° Sur l'aptitude et la conduite du personnel des agents des vivres.

Ce rapport est soumis préalablement au capitaine, qui y consigne ses observations.

Le commissaire aux subsistances fait compléter, dans le plus bref délai, l'examen de la comptabilité.

Il vérifie, au moyen du compte ouvert dans ses bureaux et des pièces justificatives dont il reste dépositaire, si toutes les recettes et les dépenses ont été inscrites sur le livre journal et sur l'inventaire-balance du bord.

Il examine si les consommations sont conformes au règlement ; si elles sont bien établies et régulièrement justifiées ; si aucune consommation n'a donné lieu à observation ; enfin, s'il n'est résulté ni excédant ni déficit de la gestion du comptable.

Les journaux du bord sont communiqués au commissaire aux subsistances pour servir, s'il y a lieu, à la vérification de la comptabilité.

Le commissaire aux subsistances s'assure que les rectifications et redressements qu'il a requis ont été opérés.

ART. 103.

Le commissaire aux subsistances ne laisse faire aucune rectification sur les registres ni sur les pièces de comptabilité.

Il consigne les résultats de sa vérification dans un rapport d'ensemble sur la comptabilité du bâtiment.

du bâtiment.
(*Art. 422 de l'Instr*
du 1er octobre 1854.)

Ce rapport fait ressortir les différences en plus et en moins qui résultent des écritures ; il indique les causes auxquelles elles paraissent devoir être attribuées.

Il est accompagné d'un relevé spécial indiquant l'importance des excédants et des déficits constatés en cours de campagne.

Les excédants et les déficits sont appréciés d'après le tableau des prix de l'année pendant laquelle le désarmement du bâtiment a eu lieu.

Le rapport du commissaire aux subsistances est remis, avec toutes les pièces de la comptabilité, à la commission chargée de l'apurement des comptes.

ART. 104.

Tout bâtiment dont les comptes n'ont pas été apurés depuis plus de quatre ans est désarmé administrativement lorsqu'il se trouve dans le port pour des réparations majeures qui nécessitent la mise à terre de son matériel, ou lorsque, faisant partie d'une station locale dans les colonies, il est possible de procéder à cette opération.

Époque à laquelle
il est procédé
à un désarmement
administratif.
(*Art. 423 de l'Instr*
du 1er octobre 1854.)

Sauf ces cas, il ne peut être procédé à un désarmement administratif que sur l'ordre donné par le Ministre, sur la proposition du préfet maritime ou du gouverneur, d'après la demande du capitaine du bâtiment et l'avis du commissaire général ou de l'ordonnateur, et lorsqu'il est possible de faire un recensement réel des vivres existant à bord.

Lorsqu'un désarmement administratif est ordonné, une commission, nommée par le préfet maritime ou par le gouverneur, procède, en présence des officiers du bord et du commis comptable, au recensement des vivres. Les résultats de ce recensement servent de point de départ à la nouvelle comptabilité.

Une expédition de l'état de recensement est remise au commissaire aux subsistances et une autre à l'officier d'administration.

Cet état est revêtu de la certification de prise en charge du comptable.

ART. 105.

Dans le cas prévu par l'article précédent, le commissaire aux subsistances procède, ainsi qu'il est dit en l'article 102, à la vérification de la comptabilité du bâtiment.

Vérification
des comptes
après
le désarmement
administratif.
(*Art. 424 de l'Instr*
du 1er octobre 1854.)

L'existant à bord, qui a été constaté par le recensement, sert de terme de comparaison à l'existant résultant de l'inventaire-balance.

ART. 106.

En cours de campagne, lorsque le commis-comptable est remplacé, il est procédé au récolement des vivres et récipients dont il est chargé par une commission composée :

Mutation de commis
en cours
de campagne.
'*Art. 403 et 425*
de l'Instruction
du 1er octobre 1854.)

. De l'officier en second du bâtiment, président ;

D'un officier désigné par le capitaine ;

De l'officier d'administration.

Le commis sortant et le commis entrant assistent aux opérations de la commission.

Les résultats du récolement sont constatés par un procès-verbal et servent de point de départ à la comptabilité du commis nouvellement embarqué.

En cas d'empêchement, l'impossibilité de procéder à un recensement est constatée par un procès-verbal, et la situation des vivres existant à bord est établie d'après les écritures.

Dans l'un et l'autre cas, chaque commis demeure responsable des faits accomplis pendant la période afférente à sa gestion.

Une copie du procès-verbal d'inventaire ou de mutation de comptable est remise à chacun d'eux.

Le Ministre statue définitivement sur leur gestion, après la reddition des comptes du bâtiment.

ART. 107.

Remplacement du comptable. Arrêté de la comptabilité. (*Art. 403 et 425 de l'Instruction du 1er octobre 1854.*)

Lors du remplacement du commis, les écritures du comptable sont arrêtées au jour de son débarquement.

Les pièces transmises au commissaire aux subsistances sont établies de manière à présenter distinctement les opérations afférentes à chaque gestion.

L'apurement définitif des comptes des commis comptables qui se sont succédé sur un bâtiment n'a lieu qu'après le désarmement administratif ou effectif.

ART. 108.

Apurement de la comptabilité. Composition de la commission d'apurement. (*Art. 426 de l'Instr^{on} du 1er octobre 1854.*)

La commission chargée du jugement administratif des comptes des bâtiments armés est composée :

D'un capitaine de vaisseau ;

D'un ingénieur de la marine ;

Du commissaire aux subsistances ;

Du commissaire aux travaux ;

Du commissaire aux armements ;

D'un chef d'escadron d'artillerie.

Cette commission est nommée par le préfet maritime ; elle ne commence ses opérations qu'après avoir prévenu l'inspection.

La Commission dresse un rapport dans lequel elle apprécie séparément chaque gestion soumise à son examen.

Elle exprime son opinion, tant sur la tenue de la comptabilité du commis que sur celle de l'officier d'administration ; sur la régularité des consommations ; sur l'exécution des articles de la présente instruction relatifs aux visites et aux recensements de l'approvisionnement de vivres ; sur la tenue du casernet de cambuse; sur les pertes; sur tous les cas de responsabilité et, spécialement, sur les excédants et les déficits constatés soit pendant l'armement, soit au désarmement. Le rapport de la commission d'apurement mentionne que la gestion du commis est *très-bonne, bonne, passable, médiocre ou mauvaise;* il présente des propositions sur les déficits à laisser à la charge de ce comptable, et formule, s'il y a lieu, des demandes de gratification en faveur du commis. Enfin, il fait connaître si l'officier d'administration s'est acquitté des soins de direction et de surveillance qui lui incombent.

ART. 109.

Conformément aux dispositions de l'article 110 de l'ordonnance du 14 juin 1844, le conseil d'administration du port délibère sur les propositions faites par la Commission chargée de l'apurement des comptes.

Les propositions de la commission d'apurement sont soumises au conseil d'administration du port. (*Art. 427 de l'Instr.* du 1er octobre 1854.)

ART. 110.

Le préfet maritime adresse au Ministre, avec une expédition de la délibération du conseil, le procès-verbal de la Commission d'apurement des comptes, le rapport du commissaire aux subsistances, les extraits du registre des procès-verbaux du bâtiment, ou tous autres documents et pièces qui pourraient être reconnus nécessaires pour éclairer le jugement du Ministre.

Envoi au Ministre des propositions du conseil d'administration du port. (*Art. 428 de l'Instr.* du 1er octobre 1854.)

ART. 111.

Le Ministre, sur le vu des documents mentionnés à l'article précédent, statue sur tous les cas de responsabilité. Il prononce, s'il y a lieu, la libération du comptable, et décide si le commis aux vivres doit recevoir ou non la gratification de très-bonne ou de bonne gestion, prévue par l'article 9 du décret du 11 juin 1863.

Décision du Ministre sur l'apurement des comptes. (*Art. 429 de l'Instr.* du 1er octobre 1854.)

ART. 112.

Tous les trois mois, le commissaire aux subsistances adresse au Ministre un état indiquant le nom et la date du désarmement des bâtiments dont la comptabilité est à vérifier, ainsi que le degré d'avancement de cette vérification.

Situation trimestrielle des comptabilités à apurer. (*Art. 430 de l'Instr.* du 1er octobre 1854.)

ART. 113.

Toutes les dispositions antérieures sont abrogées en ce qu'elles ont de contraire à la présente Instruction.

Paris, le 3 février 1875.

Le Ministre de la Marine et des Colonies,

MONTAIGNAC.

TABLE DES ARTICLES.

NUMÉROS des ARTICLES.	DÉTAIL DES ARTICLES.
	TITRE PREMIER.
	DISPOSITIONS GÉNÉRALES.
1	Le commis aux vivres est comptable et responsable des denrées embarquées.
2	Responsabilité de l'officier en second.
3	Responsabilité du capitaine.
4	La comptabilité est suivie sur inventaire.
5	Responsabilité de l'officier d'administration.
6	Vérification mensuelle des consommations.
7	Délivrances particulières en vue d'une mission spéciale; remises à faire au retour du bâtiment.
8	Vérification trimestrielle de la comptabilité.
9	Responsabilité pécuniaire du commis aux vivres. Retenue de garantie.
10	Le Ministre statue sur les cas de responsabilité.
11	Du droit à la ration.
12	Durée du droit à la ration.
13	Interruption du droit à la ration.
14	Interdiction de faire des réserves de vivres.
15	Défense d'altérer les denrées.
16	Demandes de vivres de journalier.
17	Demandes de vivres de campagne.
18	Les vivres de campagne sont examinés avant l'embarquement par une commission.
19	Visite des soutes avant l'embarquement des vivres.
20	Délivrance aux bâtiments par les magasins de la marine.
21	Transport des vivres.
22	Fermeture des soutes et des cales.
23	Visite des soutes pendant la campagne.
24	Recensement.
25	Fermeture de la cambuse.
26	Situation des vivres.
27	Modifications apportées à la composition de la ration par ordre du capitaine.

NOMENCLATURE

DES MODÈLES ANNEXÉS À L'INSTRUCTION DU 3 FÉVRIER 1875.

NUMÉROS des MODÈLES.	DÉSIGNATION SOMMAIRE DES MODÈLES.	NUMÉROS DES ARTICLES de l'instruction auxquels se rapportent les modèles.
1	Bulletin de délivrance.............................	20-23-47
2	État de recette des excédants constatés par recensement...	24-31
3	État de dépense des déficits constatés par recensement.....	24-71
4	Compte ouvert aux tables..........................	31
5	Situation trimestrielle des tables.....................	31
6	État journalier des économies de cambuse..............	52-58
7	États mensuels { des économies de cambuse.............	52
8	des recettes de viande provenant d'abattage...............................	53
9	*Pour mémoire.*	
10	Bon journalier de délivrance aux rationnaires en santé....	58
11	Bon de délivrance à la table d	59
12	Extrait du cahier de visite..........................	60
13	Bon de délivrance de gratifications....................	61
14	Bon de délivrance en dehors du service en rations........	63-64
15	États mensuels { des délivrances spéciales faites aux équipages des bâtiments de la station de Terre-Neuve ou d'Islande...........	63-65
16	des délivrances de doubles rations à l'occasion de fêtes publiques ou de travaux de force........................	63-65
17	des délivrances faites aux hommes pour lesquels la ration ordinaire est insuffisante..........................	63-65
18	des délivrances faites aux malades en dehors du service en rations.........	63-65
19	des délivrances faites pour acidulage. Délivrances supplémentaires de biscuit aux bâtiments naviguant dans les mers boréales ou australes ou à Terre-Neuve. Délivrances spéciales aux bâtiments-écoles. Délivrance de jus de citron....	63-65

NUMÉROS des MODÈLES.	DÉSIGNATION SOMMAIRE DES MODÈLES.	NUMÉROS DES ARTICLES de l'instruction auxquels se rapportent les modèles.
20	États mensuels { des délivrances d'eau-de-vie pour le combugeage des pièces...............	63–65
21	des délivrances aux malades d'un bâtiment présent sur une rade de France......	63–65
22	des délivrances faites au personnel de la machine.....................	63–65
23	État de dépense des denrées délivrées pour le compte d'hommes entrés à l'hôpital après l'établissement du bon journalier......	64–65
24	État mensuel des denrées délivrées pour le compte d'hommes entrés à l'hôpital après l'établissement du bon journalier..............	63–65
25	État mensuel des dépenses faites pour la nourriture des bœufs, etc...................	72
26	Livre journal des recettes et des dépenses............	75–76
27	Registre-balance................	75–78
28	Casernet de cambuse............	75–79
29	Bordereau des bons et extraits du cahier de visite........	76
30	État mensuel des recettes..............	6–77–86
31	État mensuel des dépenses..............	6–66–77
32	Rôle de rations.................	80–81
33	Livret d'enregistrement des billets de demande et de remise.	80–82
34	Registre des procès-verbaux..............	80–83
35	Inventaire-balance................	80–84
36	Feuille de mouvements..............	86
37	Rapport sommaire sur les vérifications du commissaire d'escadre ou du commissaire aux subsistances..........	88–95
38	Inventaire général des denrées et récipients existant à bord le	89–106

MARINE ET COLONIES.

SERVICE DES SUBSISTANCES.

NOMENCLATURE DES DENRÉES ET RÉCIPIENTS.

Nota. — On suivra l'ordre de cette nomenclature dans les enregistrements, sur les états de fournitures dans les colonies et les consulats, et généralement sur toutes les autres pièces de comptabilité qui seront dressées à bord des bâtiments de l'État.

NUMÉROS D'ORDRE de l'unité collective.	DÉSIGNATION DES DENRÉES ET RÉCIPIENTS.	ESPÈCES DES UNITÉS.
2	Biscuit	Kilogramme.
3	Farine d'armement	Idem.
4	Pain d'équipage	Idem.
	Vin pour campagne	Litre.
	Vin pour campagne en bouteilles	Idem.
	Vin pour journalier	Idem.
5	Vins fins — de Bordeaux	Idem.
	Vins fins — de Marsala	Idem.
	Vins fins — de Bagnols	Idem.
6	Eau-de-vie, rhum et tafia	Idem.
7	Vinaigre	Idem.
	Bœufs vivants	Nombre.
8	Moutons vivants	Idem.
	Volailles vivantes	Idem.
9	Viande fraîche	Kilogramme.
	Lard salé	Idem.
10	Morue	Idem.
	Sardines à l'huile	Idem.
	Conserves de bœuf	Idem.
11	Conserves de volailles	Idem.
	Gélée de viande	Idem.
	Avoine	Idem.
	Orge	Idem.
12	Riz	Idem.
	Riz 1ᵉʳ choix	Idem.
	Tapioca	Idem.

NUMÉROS D'ORDRE de l'unité collective.	DÉSIGNATION DES DENRÉES ET RÉCIPIENTS.	ESPÈCES DES UNITÉS.
13	Gelée de coings....................................	Kilogramme.
	Gelée de pommes	Idem.
	Pruneaux	Idem.
	Pommes tapées..	Idem.
14	Pommes de terre fraîches	Idem.
	Fayols...	Idem.
	Lentilles..	Idem.
	Pois...	Idem.
	Choucroute...	Idem.
	Julienne pour bouillon maigre........................	Idem.
	Conserves de pois verts..............................	Idem.
	Conserves de haricots verts	Idem.
	Légumes desséchés (mélange d'équipage)...............	Idem.
	Légumes verts (Argent pour).	
15	Fromage..	Kilogramme.
16	Café...	Idem.
	Chocolat...	Idem.
	Jus de citron..	Idem.
	Lait conservé..	Idem.
	Mélasse..	Idem.
	Sucre cassonade......................................	Idem.
	Sucre en pain (Lumps)................................	Idem.
	Thé...	Idem.
17	Achards	Idem.
	Beurre salé..	Idem.
	Saindoux...	Idem.
	Huile d'olive..	Idem.
	Graisse de Normandie.................................	Idem.
	Sel...	Idem.
	Moutarde (Graine de).................................	Idem.
	Poivre...	Idem.
18	Bois à brûler..	Idem.
	Charbon de terre.....................................	Idem.
22	Boîtes en tôle pour conserves de viande — de 5 kilogrammes............	Nombre.
	de 10...................	Idem.
	de 15...................	Idem.
	Boîtes en fer blanc pour conserves de viande — de 3 kilogrammes............	Idem.
	de 2...................	Idem.
	de 1^k,400................	Idem.
	de 1...................	Idem.
	de 0^k,800................	Idem.

NUMÉROS D'ORDRE de l'unité collective.	DÉSIGNATION DES DENRÉES ET RÉCIPIENTS.	ESPÈCES DES UNITÉS.
22 (Suite.)	Boîtes en fer blanc pour conserves de viande (Suite.) de 0^k,700	Nombre.
	de 0^k,500	Idem.
	de 0^k,420	Idem.
	de 0^k,400	Idem.
	Sacs en toile à légumes et à pain	Idem.
	Barils de 100 litres	Idem.
	de 80	Idem.
	de 60	Idem.
	de 50	Idem.
	de 40	Idem.
	de 30	Idem.
	de 25	Idem.
	de 20	Idem.
	de 15	Idem.
23	Boucauts	Idem.
	Caisses à biscuit	Idem.
	Caisses en bois pour emballages de 300 p/c	Idem.
	Pièces de 2 ou 500 litres	Idem.
	de 1 ou 250	Idem.
	Quarts à farines et à légumes	Idem.
	à salaisons	Idem.
28	Caisses à huile contenance de 50 kilogrammes	Idem.
	—— de 25	Idem.
	—— de 12^k,500	Idem.

INSTRUCTION RÉGLEMENTAIRE

SUR

LA COMPTABILITÉ DES VIVRES

À BORD

DES BÂTIMENTS DE LA FLOTTE.

(3 FÉVRIER 1875.)

MODÈLES.

PORT

d

MARINE ET COLONIES.

SERVICE DES SUBSISTANCES.

[Modèle n° 1.]

Art. 20, 33 et 47 de l'instruction du 3 février 1875.

ANNÉE 18

Mois d

NUMÉROS D'ORDRE	
DU BILLET de demande.	DU JOURNAL du commis aux vivres.

BULLETIN DES DENRÉES délivrées ce jour au Commis aux vivres d [1]
pour être embarquées sur ledit bâtiment. (Billet de demande du   18   .)

[1] Nom du bâtiment.

DÉSIGNATION DES DENRÉES.	ESPÈCE DES UNITÉS.	QUANTITÉS DÉLIVRÉES.	OBSERVATIONS.
1	2	3	4

A   , le   18   .

Le [2]

[2] Le garde-magasin ou à l'étranger le fournisseur.

Un quart de feuille carré.

PORT

d

<table>
<tr><td colspan="2">NUMÉROS D'ORDRE</td></tr>
<tr><td>DU JOURNAL
du
commis
aux vivres.</td><td>DU LIVRET
des
billets de demande
et de remise
de l'officier
d'administration.</td></tr>
</table>

L

commandé par M.

MARINE ET COLONIES.

SERVICE DES SUBSISTANCES.

[MODÈLE N° 2.]

Articles 24 et 51 de l'instruction
du 3 février 1875.

ANNÉE 18 .

Mois d

ÉTAT DE RECETTE des excédants constatés dans le recensement effectué le

DÉSIGNATION DES DENRÉES. 1	ESPÈCE DES UNITÉS. 2	QUANTITÉS. 3	MOTIFS. 4

Pour extrait conforme au procès-verbal de recensement en date de ce jour.

A bord   , le   18   .

L'Officier d'administration,

Pris charge des quantités désignées
au présent état.

Le Commis aux vivres,

ORDRE DE RÉCEPTION.

Le commis aux vivres se chargera en recette des quantités de denrées mentionnées au présent état et constituant les excédants constatés par le recensement opéré à bord le

A bord   , le   18   .

Le Capitaine,

Demi-feuille couronne.

Marine. — 18521. — Subsistances. — 1875.

PORT

d

MARINE ET COLONIES.

[Modèle n° 3.]

Articles 24 et 71 de l'instruction
du 3 février 1875.

SERVICE DES SUBSISTANCES.

ANNÉE 18 .

Mois d

NUMÉROS D'ORDRE	
DU JOURNAL du commis aux vivres.	DU LIVRET des billets de demande et de remise de l'officier d'administration.

L

commandé par M.

ÉTAT DE DÉPENSE des déficits constatés dans le recensement effectué le

DÉSIGNATION DES DENRÉES.	ESPÈCE DES UNITÉS.	QUANTITÉS.	OBSERVATIONS.
1	2	3	4

Pour extrait conforme au procès-verbal de recensement en date de ce jour.

A bord , le 18

L'Officier d'administration,

Porté en dépense les quantités désignées au présent état.

Le Commis aux vivres,

ORDRE DE SORTIE.

Le commis aux vivres portera en sortie les quantités de denrées mentionnées au présent état et constituant les déficits constatés par le recensement opéré à bord le

A bord , le 18 .

Le Capitaine,

Demi-feuille couronne.

PORT

d

MARINE ET COLONIES.

[Modèle n° 4.]

Article 31 de l'instruction
du 3 février 1875.

ANNÉE 18 .

SERVICE DES SUBSISTANCES.

L

commandé par M.

REGISTRE DE GAMELLE.

Le présent registre contenant   feuillets, a été coté et parafé, par premier et dernier, par nous, Commissaire aux subsistances, et remis au sieur   , commis aux vivres chargé de la comptabilité à bord dudit bâtiment.

A   , le   18   .

Mois d

TABLE D

DATES DES DÉLIVRANCES. 1	2	3	4	5	6	7	8	9	12	13	14	15	16	17	18	19	20	21	OBSERVATIONS. 22
Reporter les délivrances des deux premiers mois du trimestre..																			
1...............																			
2...............																			
3...............																			
4...............																			
5...............																			
6...............																			
7...............																			
8...............																			
9...............																			
10...............																			
11...............																			
12...............																			
13...............																			
14...............																			
15...............																			
16...............																			
17...............																			
18...............																			
19...............																			
20...............																			
21...............																			
22...............																			
23...............																			
24...............																			
25...............																			
26...............																			
27...............																			
28...............																			
29...............																			
30...............																			
31...............																			
Total........																			
Crédit de la table pour le trimestre [1]...............																			
Des créances ou plus à rembourser par la table...............																			

Vu et certifié :
Le Chef de gamelle,

Vu :
L'Officier en second,

Vérifié :
L'Officier d'administration,

A bord, le 18
Le Commis aux vivres,

Vu :
Le Capitaine,

[1] S'il s'agit d'un des deux premiers mois du trimestre, on se borne à totaliser les délivrances et à les reporter au mois suivant.

PORT

MARINE ET COLONIES.

[Modèle n° 5.]

SERVICE DES SUBSISTANCES.

Article 31 de l'instruction
du 3 février 1875.

ANNÉE 18 .

L

commandé par M.

ᵉ TRIMESTRE.

Situation des dettes des tables dudit bâtiment.

DÉSIGNATION DES DENRÉES.	ESPÈCE des vivrés.	DÉLIVRANCES faites y compris les 3 p. o/o de déchet.	QUANTITÉS revenant pour le trimestre, y compris les 3 p. o/o de déchet.	EXCÉDANT à rembourser.	PRIX de l'unité.	ÉVALUATION DES LIVRES.		OBSERVATIONS.
1	2	3	4	5	6	Sommes nettes. 7	Sommes brutes. 8	9
TABLE DU CAPITAINE.								
				Total.............				
				A ajouter, 25 p. o/o.......				
				Total de la dette.............				
TABLE DE L'ÉTAT-MAJOR.								
				Total.............				
				A ajouter, 25 p. o/o.......				
				Total de la dette.............				
TABLE DES ASPIRANTS.								
				Total.............				
				A ajouter, 25 p. o/o.......				
				Total de la dette.............				
TABLE DES MAÎTRES.								
				Total.............				
				A ajouter, 25 p. o/o.......				
				Total de la dette.............				

A bord   , le   18

Le Commis aux vivres,

RECONNU EXACT :

Les Chefs de gamelle,

Capitaine. — État-major. — Aspirants. — Maîtres.

VÉRIFIÉ :

L'Officier d'administration,

Vu et imputé aux comptes des tables :

L'officier d'administration. — L'officier en second. — Le Capitaine.

Demi-feuille couronne double.

MARINE ET COLONIES.

SERVICE DES SUBSISTANCES.

[Modèle n° 6.]

Articles 52 et 58 de l'instruction du 3 février 1875, et article 284 du décret du 24 juin 1870.

ANNÉE 18 .

Mois d

L .

commandé par M.

ÉCONOMIES DE CAMBUSE.

ÉTAT des rations et portions de rations non distribuées soit par suite d'absences aux repas, soit par suite de retranchements par punitions ou autres causes pendant la journée du

NOMENCLATURE des recettes.	NOMBRE DE RETENUES opérées aux distributions par suite de						TOTAL du nombre des rations.			CONVERSION en quantités de denrées, y compris les déchets de distribution.	RÉCAPITULATION. NOMBRE de retranchements ordonnés.				TOTAUX. (A)	
	retranchement. Rations de		absences aux repas. Rations de			Autres cas.	Rations de				D'après le bon de délivrance.		Après l'établissement du bon de délivrance.			
	Marins.	Mousses.	Marins.	Femmes.	Mousses.		Marins.	Femmes.	Mousses.		Marins.	Mousses.	Marins.	Mousses.	Marins.	Mousses.
1	2	3	4	5	6	7	8	9	10	11	12	13	14	15	16	17

(A) Ces totaux doivent être égaux à ceux des colonnes 2 et 3.

Pris en charge les quantités ci-dessus.

A bord, le   18 .

Le Commis aux vivres,

A bord, le   18 .

Le Capitaine d'armes,

CERTIFIÉ :

L'Officier en second,

Demi-feuille tellière.

8.

PORT

d

MARINE ET COLONIES.

SERVICE DES SUBSISTANCES.

[Modèle N° 7.]

Article 52 de l'instruction
du 3 février 1875.

ANNÉE 18 .

Mois d

L

commandé par M.

État des économies de cambuse résultant des retranchements et des non-délivrances portés au casernet de cambuse pendant le mois d et prises chaque jour en recette.

DÉSIGNATION DES DENRÉES.	ESPÈCE DES UNITÉS.	QUANTITÉS, y compris LES 3 P. 0/0 DE DÉCHET de distribution.	OBSERVATIONS.
1	2	3	4

Certifié conforme au casernet de cambuse et au journal.

A bord , le 18 .

Le Commis aux vivres,

Vérifié :

L'Officier d'administration,

Vu :

L'Officier en second.

Vu :

Le Capitaine,

Demi-feuille tellière

PORT

d

MARINE ET COLONIES.

[Modèle n° 8.]

Article 53 de l'instruction
du 3 février 1875.

SERVICE DES SUBSISTANCES.

ANNÉE 18 .

Mois d

L

commandé par M.

État des quantités de viande fraîche provenant de l'abattage des bestiaux tués à bord pendant le mois d

DATES DES ABATTAGES.	POIDS DE L'ANIMAL avant l'abattage.	INDICATION DU NOMBRE DES BESTIAUX.				QUANTITÉS DE VIANDE résultant de l'abattage de chaque jour.	OBSERVATIONS.
		BŒUFS.	VACHES.	MOUTONS.	COCHONS.		
1	2	3	4	5	6	7	8

Certifié conforme au journal et aux pièces justificatives.

A bord , le 18 .

Le Commis aux vivres,

Vérifié :

L'Officier d'administration,

Vu :

L'Officier en second,

Vu :

Le Capitaine,

Demi-feuille tellière.

PORT

d

MARINE ET COLONIES.

SERVICE DES SUBSISTANCES.

[Modèle N° 10.]

Article 58 de l'instruction
du 3 février 1875.

ANNÉE 18

L

Mois d

commandé par M.

*Bon de délivrance de vivres aux rationnaires en santé (équipage, passagers à la ration et subsistants),
pour la journée du*

	PER-SONNEL des TABLES.	MARINS et GARNISON.	MOUSSES.	PASSAGERS ET SUBSISTANTS À LA RATION DE :				TOTAL.
				Marin.	Femme.	Mousse.	Con-damné.	
	1	2	3	4	5	6	7	8
Effectif du personnel embarqué								
A déduire. . . aux hôpitaux à terre								
en permission de plus de vingt-quatre heures								
absents illégalement								
Personnel des tables								
Reste								
A déduire : malades à bord								
Reste : rationnaires en santé (équipage, passagers à la ration et subsistants)								

RÉCAPITULATION.

NOMBRE DE RATIONNAIRES À LA RATION DE :			
Marin.	Mousse.	Femme.	Con-damné.
1	2	3	4

Nombre de retranchements à opérer pendant la journée par suite de punitions.

EAU-DE-VIE.	VIN.	
	DEMI-RATION du marin.	DEMI-RATION de mousse.
RATION.		
1	2	3

A bord, le   18

L'Officier en second,

Un quart de feuille carré.

Conversion du nombre de rations en quantités de denrées.

(1) Dans le cas prévu au paragraphe numéroté 15 de l'article 66, il y a lieu de déduire de l'effectif en santé le nombre d'hommes entrés à l'hôpital du bord après l'établissement de la liste de délivrance. Les portions de rations délivrées pour le compte de ces hommes et non susceptibles d'être réintégrées en magasin font l'objet d'un état de dépense, modèle n° 43.

(A) Le combustible sera délivré d'après l'effectif total du personnel embarqué, sous la déduction des hommes à l'hôpital, à terre, en permission pour plus de vingt-quatre heures ou absents illégalement.

DÉSIGNATION DES DENRÉES.	QUANTITÉS DE DENRÉES, non compris LE DÉCHET DE DISTRIBUTION à porter en dépense conformément à l'effectif d'autre part (1).	OBSERVATIONS.
1	2	3
COMBUSTIBLE (A).		

A bord, le   18   .

Le Commis aux vivres.

PORT

d

(1) Indiquer les quantités en toutes lettres.

Si le bon, au lieu d'indiquer les quantités de denrées, indique un nombre de rations, le commis aux vivres fera la conversion.

(2) Indiquer le nombre d'articles en toutes lettres.

MARINE ET COLONIES.

SERVICE DES SUBSISTANCES.

L

commandé par M.

Bon de délivrance à la table d

Bon pour (1)

[Modèle n° 11.]

Article 59 de l'instruction du 3 février 1875.

ANNÉE 18 .

Mois

d

Arrêté à (2) articles.

bord le 18 .

Le Chef de gamelle,

Bon à délivrer :

L'Officier en second,

Quart de feuille carré.

PORT

d

MARINE ET COLONIES.

SERVICE DES SUBSISTANCES.

[Modèle n° 12.]

Article 60 de l'instruction
du 3 février 1875.

Articles 8, 20, 21, 22 et 26
du décret du 16 décembre 1874.

L

commandé par M.

Mois d

Extrait du cahier de visite en ce qui concerne la nourriture des malades pour la journée
du   *18* .

Nombre de malades.	NATURE DES DENRÉES PRESCRITES.	QUANTITÉS RÉGLEMENTAIRES par portion.	NOMBRE DE PORTIONS le matin.	le soir.	TOTAL.
1	2	3	4	5	6
(1) Viande fraîche, gelée de viande ou extrait de viande.	Bouillons gras de (1)	25 centilitres			
	Soupes... grasses de (1) — au pain	25 idem			
	au riz	25 centil. et 40 gr. de riz ...			
	à la julienne	25 centil. et 100 gr. de jul.			
	maigres				
	Diètes	....			
(A) Le pain pour la soupe est prélevé sur cette quantité.	Pain frais .... Portions — entières (A)	375 grammes			
	trois quarts (A)	281 idem			
	demies (A)	187 idem			
	quarts (A)	94 idem			
(B) Lorsqu'il n'est pas prescrit séparément de pain aux malades.	soupes (B)	50 idem			
	diètes	....			
	Vin de campagne .... Portions — entières	25 centilitres			
	trois quarts	19 idem			
	demies	13 idem			
	quarts	7 idem			
	diètes	....			
	Vin de campagne en bouteilles .... Portions — demies	13 centilitres			
	quarts	7 idem			
	Viande fraîche cuite et désossée. Portions — entières	140 grammes			
	trois quarts	105 idem			
	demies	90 idem			
	quarts	60 idem			
	Viandes.. Conserves. de bœuf ...... Portions — entières	140 idem			
	trois quarts	105 idem			
	demies	90 idem			
	de volaille ..... Portions — demies	90 idem			
	quarts	60 idem			
	Poules .... Portions — demies	1/6			
	quarts	1/8			
	Aliments légers. Riz 1er choix .... Portions — entières	60 grammes			
	trois quarts	45 idem			
	demies et quarts	30 idem			
	Chocolat .... Portions — demies et quarts	30 idem			
	Pruneaux .... Portions — entières et trois quarts.	100 idem			
	demies et quarts	70 idem			
	Tapioca .... Portions — demies et quarts	30 idem			
	Gelées.... de pomme ...... Portions — demies et quarts	45 idem			
	du coing ...... Portions — demies et quarts	45 idem			
	Pommes tapées .... Portions — demies et quarts	50 idem			
	Lait conservé .... Portions — de demies et quarts ...	25 centilitres			
	Diète	....			
	ASSAISONNEMENTS.				
(2) Beurre, saindoux ou graisse de Normandie.	(2) pour .... — riz	15 grammes			
	tapioca	15 idem			
	Lait conservé pour .... — riz	25 centilitres			
	tapioca	25 idem			
	Sucre en pain pour, ... — riz	15 grammes			
	pruneaux	15 idem			
	tapioca	15 idem			
	pommes tapées	15 idem			
	Légumes verts	30 millimes			
(c) Délivrances à titre exceptionnel. (Articles 21, 22 et 26 du décret du 16 décembre 1874.)	Vins fins (c) .... de Bordeaux .... de Marsala .... de Bagnols	Suivant les prescriptions du médecin-major.			
	Conserves (c) .... de haricots verts .... — Demies	150 grammes			
	de pois verts .... — Quarts	100 idem			

Le présent extrait de cahier de visite certifié véritable par le médecin major soussigné.

Vu :

L'Officier en second,

Demi-feuille couronne.

ÉTAT DES QUANTITÉS DE DENRÉES et rafraîchissements à porter en dépense, conformément aux prescriptions du tableau d'autre part.

DÉSIGNATION DES DENRÉES.	ESPÈCE des UNITÉS.	QUANTITÉS À PORTER EN DÉPENSE, non compris le déchet de distribution.	OBSERVATIONS.
1	2	3	4

A bord le

Le Commis aux vivres,

[Modèle n° 13.]

Article 61 de l'instruction
du 3 février 1875.

PORT

d

(1) En toutes lettres.

MARINE ET COLONIES.

SERVICE DES SUBSISTANCES.

ANNÉE 18 .

Mois d

L

commandé par M.

Gratifications accordées en service courant.

(Doubles rations.)

Bon pour :

(1)   doubles rations d'eau-de-vie.

(1)   doubles rations (de marin)

(1)   *Idem* (de mousse). . . . . . .   } de vin.

aux marins et aux mousses dénommés ci-après :

Conversion en quantités, non compris le déchet
de distribution.

Le Commis aux vivres,

Arrêté à (1)   articles.

A bord, le   18 .

L'Officier en second,

Quart de feuille carré.

[Modèle n° 14.]

MARINE ET COLONIES.

SERVICE DES SUBSISTANCES.

Articles 63 (§§ 1°, 4°, 5°, 9°, 10°
11°) et 64 de l'instruction
du 3 février 1875.

ANNÉE 18 .

PORT

d

(1) Indiquer le motif de la délivrance.

(2) Indiquer les quantités en toutes lettres.

L

commandé par M.

Mois d

d

DÉLIVRANCES EN DEHORS DU SERVICE EN RATIONS.

Bon de délivrance pour (1)

Bon pour : (2)

Conversion en quantités de denrées à porter en dépense, non compris le déchet de distribution.

Le Commis aux vivres,

A bord, le   18 .

L'Officier en second,

Quart de feuille carré.

PORT

d

[Modèle nᵒ 15.]

MARINE ET COLONIES.

Articles 63 et 65 de l'instruction
du 3 février 1875.

SERVICE DES SUBSISTANCES.

ANNÉE 18 .

Mois d

(1) Terre-Neuve ou Islande.

L

commandé par M.

État des délivrances spéciales faites aux bâtiments de la station de (1)
pendant le mois d   *du*   *au*

DÉSIGNATION DES DENRÉES. 1	ESPÈCE des UNITÉS. 2	QUANTITÉS DÉLIVRÉES, y compris le déchet de distribution. 3	OBSERVATIONS. 4

Certifié conforme aux écritures.

A bord   , le   187 .

Le Commis aux vivres,

Vu :   Vérifié :

L'Officier en second,   *L'Officier d'administration,*

Vu :

Le Capitaine,

Demi-feuille tellière.

PORT

d

MARINE ET COLONIES.

[Modèle n° 16.]

Articles 63 et 65 de l'instruction
du 3 février 1875.

SERVICE DES SUBSISTANCES.

ANNÉE 18   .

(1) Fêtes publiques (indiquer quelle fête),
ou
de travaux de force (indiquer
dans quelles circonstances).

Mois d

L

commandé par M.

État des délivrances extraordinaires faites à l'équipage à l'occasion d (1)
pendant le mois d

DATES DES DÉLIVRANCES.	NOMBRE de RATIONNAIRES composant l'équipage.	NOMBRE de RATIONS délivrées.	QUANTITÉS ALLOUÉES par ration.	QUANTITÉS DÉLIVRÉES.	A AJOUTER 3 p. o/o.	QUANTITÉS TOTALES portées en dépense.	OBSERVATIONS.
1	2	3	4	5	6	7	

Certifié conforme au journal.

A bord   , le   18   .

Le Commis aux vivres,

Vu :

L'Officier en second,

Vu :

L'Officier d'administration,

Vu :

Le Capitaine,

Demi-feuille tellière.

PORT

d

[Modèle Nº 17.]

Articles 63 et 65 de l'instruction
du 3 février 1875.

MARINE ET COLONIES.

SERVICE DES SUBSISTANCES.

ANNÉE 18 .

Mois d

L

commandé par M.

ÉTAT DES DÉLIVRANCES faites pendant le mois d
aux hommes pour lesquels la ration réglementaire n'est pas suffisante.

DÉSIGNATION DES DENRÉES. 1	ESPÈCE DES UNITÉS. 2	NOMBRE DE SUPPLÉMENTS de ration accordés. 3	QUANTITÉS DÉLIVRÉES. 4	A AJOUTER, 3 p. 0/0. 5	QUANTITÉS PORTÉES en dépense. 6	OBSERVATIONS. 7

Certifié conforme aux pièces justificatives.

A bord , le 18 .

Le Commis aux vivres,

Vu :

L'Officier en second,

Vérifié :

L'Officier d'administration,

Vu :

Le Capitaine,

Demi-feuille tellière.

PORT

d

MARINE ET COLONIES.

SERVICE DES SUBSISTANCES.

[MODÈLE N° 18.]

Articles 63 et 65 de l'instruction
du 3 février 1875.

ANNÉE 18 .

Mois d

L

commandé par M.

ÉTAT DES DÉLIVRANCES hors du service en rations faites aux malades en vertu des prescriptions du médecin-major du bâtiment pendant le mois d

DÉSIGNATION DES DENRÉES.	ESPÈCE DES UNITÉS.	QUANTITÉS DÉLIVRÉES.	OBSERVATIONS.
1	2	3	4

CERTIFIÉ conforme aux pièces justificatives.

A bord , le 18 .

Le Commis aux vivres,

Vu :

L'Officier en second,

VÉRIFIÉ :

L'Officier d'administration,

Vu :

Le Capitaine,

Demi-feuille tellière.

PORT

d

(A) 1° Assainissement de l'eau
des charniers;
   Da   au
2° Délivrance supplémentaire
de biscuit aux équipages des
bâtiments en mission à Terre-
Neuve ou naviguant dans les
mers boréales ou australes;
   Da   au
3° Délivrances aux mousses
du vaisseau-école *l*
   Da   au
4° Délivrances aux apprentis
marins du vaisseau-école *l*

   Da   au
5° Délivrances aux apprentis
canonniers du vaisseau-école
l
   Da   au
6° Délivrance de jus de citron
et de sucre.
   Da   au

[Modèle n° 19.]

Articles 63 et 65 de l'instruction
du 3 février 1875.

ANNÉE 18 .

Mois d

MARINE ET COLONIES.

SERVICE DES SUBSISTANCES.

L

commandé par M.

ÉTAT DES DÉLIVRANCES faites (A)   *pendant le mois d*

DÉSIGNATION DES DENRÉES.	ESPÈCE DES UNITÉS.	NOMBRE DE RATIONS.	QUANTITÉS ALLOUÉES par ration.	A AJOUTER 3 P. o/o.	QUANTITÉS TOTALES portées en dépense.	OBSERVATIONS.
1	2	3	4	5	6	7

CERTIFIÉ conforme aux pièces justificatives.

A bord , le 18 .

Le Commis aux vivres,

Vu :   VÉRIFIÉ :

L'Officier en second,   *L'Officier d'administration,*

Vu :

Le Capitaine,

PORT

d

MARINE ET COLONIES.

SERVICE DES SUBSISTANCES.

[Modèle n° 20.]

Articles 63 et 65 de l'instruction du 3 février 1875.

ANNÉE 18

Mois d

L

commandé par M.

ÉTAT DES QUANTITÉS D'EAU-DE-VIE consommées pendant le mois d
pour combuger les pièces à vin.

Pièce de 4 à raison de $0^l,75^c$, soit (A) . . . .

———— 3 ———— $0^l,63^c$, —— (B) . . . .

———— 2 ———— $0^l,52^c$, —— (C) . . . .

———— 1 ———— $0^l,30^c$, —— (D) . . . .

Tierçon à raison de . . . $0^l,15^c$, —— (E) . . . .

TOTAL . . . .

A ajouter 3 p. 0/0 . . . .

QUANTITÉ DÉPENSÉE . . . .

CERTIFIÉ conforme aux pièces justificatives.

A bord , le 18 .

Le Commis aux vivres,

Vu : Vérifié :

L'Officier en second, *L'Officier d'administration,*

Vu :

Le Capitaine,

PORT

d

MARINE ET COLONIES.

SERVICE DES SUBSISTANCES.

[Modèle n° 21.]

Articles 63 et 65 de l'instruction
du 3 février 1875.

ANNÉE 18 .

Mois d

L

commandé par M.

ÉTAT DES RATIONS DE MALADES délivrées pendant le mois d aux hommes traités à l'hôpital *du bord lorsque, le bâtiment se trouvant sur une rade de France, les malades ne peuvent être envoyés aux hôpitaux à terre.*

DÉSIGNATION DES DENRÉES. 1	ESPÈCE des unités. 2	QUANTITÉS DÉLIVRÉES. 3	À AJOUTER 3 p. o/o. 4	QUANTITÉS TOTALES portées en dépense. 5	OBSERVATIONS. 6

Certifié conforme aux pièces justificatives.

A bord, le 18 .

Le Commis aux vivres,

Vérifié :

L'Officier d'administration,

Vu :

L'Officier en second,

Vu :

Le Capitaine,

Demi-feuille tellière.

10.

PORT

d

(1) Indiquer dans cette colonne par journée de chauffe :

1° L'effectif total du personnel de la machine ;

2° L'effectif du personnel de la machine qui a été réellement employé soit devant les feux, soit dans la machine, soit dans les soutes ;

3° Le nombre de quarts ou de demi-quarts pendant lesquels la machine a fonctionné ;

4° Le nombre d'hommes employés pendant chaque quart ou demi-quart ;

5° Le nombre de quarts pendant la durée desquels les feux sont restés au fond des fourneaux.

MARINE ET COLONIES.

SERVICE DES SUBSISTANCES.

L

commandé par M.

[MODÈLE N° 22.]

Articles 63 et 65 de l'instruction
du 3 février 1875
et articles 16 et 17 du décret
du 16 décembre 1874.

ANNÉE 187 .

Mois d

ÉTAT DES DÉLIVRANCES faites pendant le mois d aux mécaniciens, *chauffeurs, matelots chauffeurs et soutiers, les jours où la machine a fonctionné.*

DÉSIGNATION DES DENRÉES. 1	ESPÈCE des UNITÉS. 2	NOMBRE de RATIONS délivrées. 3	QUOTITÉ de la RATION. 4	A AJOUTER 3 p. o/o. 5	QUANTITÉS portées en dépense. 6	OBSERVATIONS (1). 7

CERTIFIÉ conforme aux pièces justificatives.

A bord , le 18 .

Le Commis aux vivres.

VÉRIFIÉ :

L'Officier d'administration,

VU :

L'Officier en second,

VU :

Le Capitaine.

Demi-feuille tellière.

PORT

d

MARINE ET COLONIES.

SERVICE DES SUBSISTANCES.

[Modèle N° 23.]

Articles 63 et 65 de l'instruction
du 3 février 1875.

ANNÉE 18 .

Mois d

NUMÉRO D'ORDRE	
DU JOURNAL du commis aux vivres.	DU LIVRET des billets de demande et de remise de l'officier d'administration.

L

commandé par M.

ÉTAT DES DENRÉES non susceptibles d'être réintégrées en magasin et qui ont été délivrées le
pour le compte d'hommes entrés à l'hôpital du bord après l'établissement du bon journalier de délivrance.

DÉSIGNATION DES DENRÉES.	ESPÈCE des UNITÉS.	NOMBRE de RATIONS.	QUANTITÉS.	OBSERVATIONS.
1	2	3	4	5

A bord , le 18 .

Le Commis aux vivres,

Vérifié :
L'Officier d'administration,

Vu :
L'Officier en second,

Vu :
Le Capitaine.

Quart de feuille carré.

PORT

d

[MODÈLE N° 24.]

MARINE ET COLONIES.

Articles 63 et 65 de l'instruction
du 3 février 1875.

SERVICE DES SUBSISTANCES.

ANNÉE 18   .

Mois d

L

commandé par M.

ÉTAT DES QUANTITÉS DE DENRÉES non susceptibles d'être réintégrées en magasin et qui ont été délivrées pendant le mois d   pour le compte d'hommes entrés à l'hôpital du bord après l'établissement des bons journaliers de délivrance.

DÉSIGNATION DES DENRÉES.	ESPÈCE des unités.	NOMBRE de rations.	QUANTITÉS.	OBSERVATIONS.
1	2	3	4	5

CERTIFIÉ conforme au journal et aux pièces justificatives.

A bord   , le   18   .

Le Commis aux vivres,

VÉRIFIÉ :

L'Officier d'administration,

VU :

L'Officier en second,

VU :

Le Capitaine,

Demi-feuille tellière.

PORT

d

MARINE ET COLONIES.

SERVICE DES SUBSISTANCES.

[Modèle n° 25.]

Article 72 de l'instruction
du 3 février 1875.

ANNÉE 18 .

Mois d

L

commandé par M.

État des fourrages et des denrées délivrés pour la nourriture des bestiaux pendant le mois d

Nombre de jours de nourriture . . . . . { de bœufs . . . . . .
de moutons . . . .

NATURE DES DENRÉES.	ESPÈCE DES UNITÉS.	QUANTITÉS.	OBSERVATIONS.
1	2	3	4

Certifié conforme aux pièces justificatives.

A bord   , le   18   .

Le Commis aux vivres,

Vérifié :

L'Officier d'administration,

Vu :

L'Officier en second.

Vu :

Le Capitaine,

Demi-feuille tellière.

(Modèle n° 26.)

Articles 75 et 76 de l'instruction
du 3 février 1875.

PORT

à

MARINE ET COLONIES.

SUBSISTANCES.

LIVRE JOURNAL.

L

commandé par M.

Le sieur

Commis aux vivres, comptable.

Le présent livre journal, contenant [1]   feuillets, a été coté
et parafé, par premier et dernier, par nous, Officier d'administration du bâtiment désigné
ci-dessus, et remis au commis aux vivres pour servir à l'enregistrement de toutes les recettes
et de toutes les dépenses de denrées, fûts, quarts, etc. qui seront effectuées à bord dudit
bâtiment.

A bord   , le   18   .

[1] Le nombre des feuillets en toutes lettres.

Registre raisin.

1ʳᵉ PARTIE. — VIVRES DE JOURNALIER ET DE CAMPAGNE.

DATES des recettes et des dépenses	NUMÉRO d'ordre des pièces de recette et de dépense	ORIGINE DES RECETTES et DESTINATION DES DÉPENSES	BISCUIT.		FARINE panifiable.		PAIN ordinaire.		VIN de conserve.		VIN de journalier.		EAU-DE-VIE.		BŒUFS vivants.		VIANDE fraîche.		CONSERVES de bœuf.		LARD salé.		CAFÉ.		SUCRE alimentaire.		MORUE.		SARDINES à l'huile.		FROMAGE de savoie.		FROMAGE de Hollande.		RIZ.		FAYOLS.		POIS.		LES TILLES.		LÉGUMES dessechés.		POMMES DE TERRE ordinaires.		ARGENT pour l'homme verts.	
			Recettes.	Dépenses.	Recettes.	Dépenses.	Recettes.	Dépenses.	Recettes.	Dépenses.	Recettes.	Dépenses.	Recettes.	Dépenses.	Recettes.	Dépenses.	Recettes.	Dépenses.	Recettes.	Dépenses.	Recettes.	Dépenses.	Recettes.	Dépenses.	Recettes.	Dépenses.	Recettes.	Dépenses.	Recettes.	Dépenses.	Recettes.	Dépenses.	Recettes.	Dépenses.	Recettes.	Dépenses.	Recettes.	Dépenses.	Recettes.	Dépenses.	Recettes.	Dépenses.	Recettes.	Dépenses.	Recettes.	Dépenses.
1	2	3	4	5	6	7	8	9	10	11	12	13	14	15	16	17	18	19	20	21	22	23	24	25	26	27	28	29	30	31	32	33	34	35	36	37	38	39	40	41	42	43	44	45	46	47

2ᵉ PARTIE. — ASSAISONNEMENTS. — FOURRAGES.

DATES des recettes et des dépenses.	NUMÉRO des pièces de recette et de dépense.	ORIGINE DES RECETTES et IMPUTATION DES DÉPENSES.	CHOUCROUTE		AGNARDS		BULLME		GRAISSE de combustion		HUILE d'olive		VINAIGRE		SEL		POIVRE		GRAINE de coriandre		MÉLASSE		RIS de quartaut		CHARBON de terre		FOIN		PAILLE		ORGE		AVOINE													
			Recette	Dépense	Recette	Dépense	Recette	Dépense	Recette	Dépense	Recette	Dépense	Recette	Dépense	Recette	Dépense	Recette	Dépense	Recette	Dépense	Recette	Dépense	Recette	Dépense	Recette	Dépense	Recette	Dépense	Recette	Dépense	Recette	Dépense	Recette	Dépense								
1	2	3	4	5	6	7	8	9	10	11	12	13	14	15	16	17	18	19	20	21	22	23	24	25	26	27	28	29	30	31	32	33	34	35	36	37	38	39	40	41	42	43	44	45	46	47

3ᵉ PARTIE. — ALIMENTS DE MALADES.

DATES des recettes et des dépenses.	NUMÉRO à ordre des pièces de recette et de dépense.	ORIGINE DES RECETTES et destination des dépenses.	VIN de campagne en bouteilles.		VINS FINS de Bordeaux.		de Malaga.		en Roussillon.		CONSOMMÉS de volailles.		GELÉE de viande.		EXTRAIT de viande.		RIZ (1re qual.).		TAPIOCA.		GELÉE de coings.		GELÉE de groseille.		PRU-NEAUX.		POMMES tapées.		CHO-COLAT.		LAIT concentré.		SUCRE en pains (candi).		DULCERNE pour bouillons végétaux.		Conserves de haricots verts.		Conserves de petits pois.		SAIN-DOUX.		JUS de citron.						
			Recettes.	Dépenses.	Recettes.	Dépenses.	Recettes.	Dépenses.	Recettes.	Dépenses.	Recettes.	Dépenses.	Recettes.	Dépenses.	Recettes.	Dépenses.	Recettes.	Dépenses.	Recettes.	Dépenses.	Recettes.	Dépenses.	Recettes.	Dépenses.	Recettes.	Dépenses.	Recettes.	Dépenses.	Recettes.	Dépenses.	Recettes.	Dépenses.	Recettes.	Dépenses.	Recettes.	Dépenses.	Recettes.	Dépenses.	Recettes.	Dépenses.	Recettes.	Dépenses.	Recettes.	Dépenses.					
1	2	3	4	5	6	7	8	9	10	11	12	13	14	15	16	17	18	19	20	21	22	23	24	25	26	27	28	29	30	31	32	33	34	35	36	37	38	39	40	41	42	43	44	45	46	47	48	49	50	51

4ᵉ PARTIE. — RÉCIPIENTS.

DATES des recettes et des dépenses	Numéro d'ordre des pièces de recette et de dépense	ORIGINE DES RECETTES et Justification des dépenses	BOÎTES EN TÔLE pour conserves de viande						BOÎTES EN FER BLANC POUR CONSERVES DE VIANDE																		Sacs ou toile à légumes et à pain		BARILS																		Toba-cavish	Caisses bisani.	Caisses en bois pour emballage de 300 qt.	PIÈCES				QUARTS				CAISSES À HUILE					
			de 5 kil.		de 3 kil.		de 1 kil.		du 3 kil.		du 2 kil.		de 1er son.		de 1 kil.		de 0ᵏ500.		de 0ᵏ250.		de 0ᵏ100.		de 0ᵏ50.		de 1 déc.				de 100 kil.		de 80 cent.		de 60 litr.		de 50 litr.		du 30 litr.		de 20 litr.		de 15 litr.		de 10 litr.		de 5 litr.					de 1 caisse ou de 2 au 100 cent.		de 2 au 100 cent.		2 caisses et à légumes		à assaisonn.		de 50 kil.		de 40 kil.		de 12ᵏ500	
			R.	D.	R.	D.	R.	D.	R.	D.	R.	D.	R.	D.	R.	D.	R.	D.	R.	D.	R.	D.	R.	D.	R.	D.	R.	D.	R.	D.	R.	D.	R.	D.	R.	D.	R.	D.	R.	D.	R.	D.	R.	D.	R.	D.	R.	D.	R.	D.	R.	D.	R.	D.	R.	D.	R.	D.	R.	D.	R.	D.	R.	D.	R.	D.
1	2	3	4	5	6	7	8	9	10	11	12	13	14	15	16	17	18	19	20	21	22	23	24	25	26	27	28	29	30	31	32	33	34	35	36	37	38	39	40	41	42	43	44	45	46	47	48	49	50	51	52	53	54	55	56	57	58	59	60	61	62	63	64	65	66	67

Marine. — 1852ᵉ. — Subsistances. — 1875.

PORT

d

MARINE ET COLONIES.

[Modèle n° 27.]

Articles 75 et 78 de l'instruction
du 3 février 1875.

ANNÉE 18   .

SUBSISTANCES.

REGISTRE-BALANCE.

L

commandé par M.

Le sieur

Commis aux vivres, comptable.

Le présent registre, contenant [1]   feuillets, a été coté et parafé, par
premier et dernier, et remis au commis aux vivres par nous, Officier d'administration à bord
du bâtiment désigné ci-dessus, pour servir, à compter du   mil huit
cent   , de registre-balance des denrées, fûts, quarts, etc. qui seront
reçus et consommés à bord dudit bâtiment.

A   , le   18   .

[1] Le nombre des feuillets en toutes lettres.
Registre couronne.

NOTA. Cette balance est disposée de manière à pouvoir servir pendant quatre années.

(1) Désignation des denrées et des objets.
(2) Espèce de l'unité.

1	(1) (2)			(1) (2)			(1) (2)			(1) (2)		
	RECETTE.	CONSOMMA-TION.	EXISTANT à la fin de chaque mois.	RECETTE.	CONSOMMA-TION.	EXISTANT à la fin de chaque mois.	RECETTE.	CONSOMMA-TION.	EXISTANT à la fin de chaque mois.	RECETTE.	CONSOMMA-TION.	EXISTANT à la fin de chaque mois.
	2	3	4	5	6	7	8	9	10	11	12	13
Mois d....												
Mois d....												
Mois d....												
Mois d....												
Mois d....												
Mois d....												
Mois d....												
Mois d....												
Mois d....												
Mois d....												
Mois d....												
Mois d....												
Mois d....												
Mois d....												
Mois d....												
Mois d....												
Mois d....												
Mois d....												
Mois d....												
Mois d....												
Mois d....												
Mois d....												
Mois d....												
Mois d....												
Mois d....												
Mois d												

PORT

d

MARINE ET COLONIES.

[Modèle n° 28.]

Articles 75 et 79 de l'instruction
du 3 février 1875.

EXERCICE 18   .

SUBSISTANCES.

CASERNET DE CAMBUSE.

L

commandé par M.

Le sieur

Commis aux vivres, Comptable.

Le présent casernet, contenant [1]   feuillets, a été parafé
par premier et dernier, et remis par nous, Commissaire des subsistances, au S^r
qui devra le rapporter au soutien de son compte.

A   , le   18   .

OBSERVATIONS ESSENTIELLES.

1° Ce casernet ne doit comporter aucun grattage, et les surcharges, s'il y en a, doivent être constatées dans la colonne
Observations.

2° A la fin de chaque mois, et aussitôt que le casernet aura été arrêté, il sera dressé un état récapitulatif des quantités
de denrées incombant aux rations ou parties de rations non délivrées aux distributions.

[1] Le nombre des feuillets en toutes lettres.

Piqûre carré.

MOIS

Ètat faisant connaître la nature des denrées délivrées, chaque jour, en rations à la masse des hommes en santé de l'équipage et les retenues qui ont été opérées aux distributions.

JOURS de travail	NATURE DES DENRÉES DÉLIVRÉES EN RATIONS					RETENUES aux profits			OPÉRÉES					CONVERSION EN DENRÉES									PARTAGES	OBSERVATIONS
	PAIN	BOISSONS	LÉGUMES	DIVERS	SOUPES	Par patrons. Boissons. Em- ployée. — Ration.	Vin. Demi- ration.	Demi- ration de messe.	Pain, au lieu de ration.	Eau- de-vie. — Ration.	Vin. Demi- ration.	Demi- ration de messe.	De tous verds, etc.	suif- et-huile.	de com- pagne.	du jour- nalier.	etc.						en référence au secours et de l'officier d'administration.	
1	3	4	5	5	7	8	9	10	11	12	13	14	15	16	17	18	19	20	21	22	23	24	25	26
1																								
2																								
3																								
4																								
5																								
6																								
7																								
8																								
9																								
10																								
11																								
12																								
13																								
14																								
15																								
16																								
17																								
18																								
19																								
20																								
21																								
22																								
23																								
24																								
25																								
26																								
27																								
28																								
29																								
30																								
31																								
TOTAUX																								

Nous, soussignés, certifions véritable

Le présent tableau, qui a été chaque jour du mois soumis à notre paraphe.

À bord, le

PORT

d

NUMÉROS D'ORDRE

DU JOURNAL du commis aux vivres.	DU LIVRET des billets de demande et de remise de l'officier d'administration.

MARINE ET COLONIES.

SERVICE DES SUBSISTANCES.

L

commandé par M.

[Modèle n° 29.]

Article 76 de l'instruction du 3 février 1875.

ANNÉE 18 .

Mois d

Nombre de pièces justificatives...

Bordereau des bons de délivrance et extraits du cahier de visite. — Journée du

DÉSIGNATION des denrées.	ESPÈCE des unités.	BON journalier pour les hommes en santé.	EXTRAIT du cahier de visite.	TABLE du capitaine.	TABLE de l'état-major.	TABLE des aspirants.	TABLE des maîtres.	GRATIFICATIONS à l'équipage.	DÉLIVRANCE aux mécaniciens.	NOURRITURE des bestiaux.			TOTAL	AJOUTER 3 p. o/o.	TOTAL de la dépense.	OBSERVATIONS.
1	2	3	4	5	6	7	8	9	10	11	12	13	14	15	16	17

A bord , le 18 .

Le Commis aux vivres,

Vu et certifié exact :

L'Officier d'administration,

Feuille écu.

Vu :

l'Officier en second,

PORT

d

[MODÈLE N° 30.]

MARINE ET COLONIES.

Articles 6, 77 et 86 de l'instruction du 3 février 1875.

SERVICE DES SUBSISTANCES.

ANNÉE 18 .

L

Mois d

commandé par M.

Nombre de pièces à l'appui.

ÉTAT RÉCAPITULATIF DES RECETTES DE VIVRES effectuées pendant le mois d

FOLIOS DE LA BALANCE		DÉSIGNATION DES DENRÉES.	ESPÈCE des UNITÉS.	QUANTITÉS PAR ORIGINE DE RECETTE.						TOTAUX.	OBSERVATIONS.
du commis aux vivres.	de l'officier d'administration.			DÉLIVRANCES faites par les magasins de l'État.	ACHATS faits en pays étrangers.	VERSEMENTS.	ÉCONOMIES de cambuse y compris 3 p. o/o de déchet de distribution.				
1	2	3	4	5	6	7	8	9	10	11	12

Certifié conforme au journal et aux pièces justificatives.

A bord , le 18 .

Le Commis aux vivres,

Vu :

L'Officier en second,

Vérifié :

L'Officier d'administration,

Vu :

Le Capitaine,

Feuille et demi-feuille tellière.

13.

PORT

d

MARINE ET COLONIES.

SERVICE DES SUBSISTANCES.

L

commandé par M.

[Modèle n° 31.]

Articles 6, 62 et 77 de l'instruction du 3 février 1875.

ANNÉE 18 .

Mois d

Nombre de pièces à l'appui.

ÉTAT RÉCAPITULATIF DES DÉPENSES DE VIVRES effectuées pendant le mois d

FOLIOS DE LA BALANCE		DÉSIGNATION DES DENRÉES.	ESPÈCE des UNITÉS.	DÉPENSES DU SERVICE EN RATIONS.				DÉPENSES hors DU SERVICE en rations.	CONSOMMATIONS non PRÉVUES par les règlements.	TOTAUX.	A AJOUTER, 3 p. o/o.	QUANTITÉS TOTALES portées en dépenses.	OBSERVATIONS.
du commis aux vivres.	de l'officier d'administration.			TABLES.	RATIONNAIRES en santé.	MALADES.	GRATIFICATIONS.						
1	2	3	4	5	6	7	8	9	10	11	12	13	14

Certifié conforme au journal et aux pièces justificatives.

A bord , le 18 .

Le Commis aux vivres,

Vu :

L'Officier en second.

Vérifié :

L'Officier d'administration,

Vu :

Le Capitaine,

Feuille et demi-feuille tellière.

[Modèle n° 32.]

Articles 8o et 8 1 de l'instruction
du 3 février 1875.

RÔLE DE RATIONS

pour l   *de l'État*

l

commandé par M.

M.   Officier d'administration.

EXERCICE 18   .

Nota. Les mutations d'officier d'administration qui pourraient avoir lieu seront indiquées ci-après.

Marine. — 1851. — Subsistances. — 1875.

Lieux de relâche d   l   commandé

par M.   *du*   *au*

Nota. Cet enregistrement doit indiquer exactement tous les ports dans lesquels le bâtiment aura relâché, jusqu'à l'époque où le rôle de rations sera arrêté. Il faut aussi faire connaître la durée du séjour dans chaque port.

La nomenclature de ces lieux de relâche sera arrêtée par l'officier d'administration, certifiée par l'officier chargé du détail et le commandant du bâtiment.

PORTS DE RELÂCHE.	JOURS D'ARRIVÉE.	JOURS DE DÉPART.
1	2	3

MOIS

d

SERVICE DE JOURNALIER ET DE CAMPAGNE.

ETAT SOMMAIRE de l'état-major et de l'équipage.

Il existait au   du mois précédent, à bord du bâtiment de l'État *l*

la quantité d (1)   individus.

SAVOIR :

Table du Commandant.	Officiers et autres..........................	
	Femmes..........................	
	Enfants..........................	
Table de l'État-major.	Officiers et autres..........................	
	Femmes..........................	
	Enfants..........................	
Table des Aspirants.	Officiers et autres..........................	
	Femmes..........................	
	Enfants..........................	
Table des Maîtres.	Maîtres et autres..........................	
	Femmes..........................	
	Enfants..........................	
Équipage..........	Marins et autres..........................	
	Femmes..........................	
	Mousses..........................	
	Garnison..........................	
	Condamnés..........................	

TOTAL..........................

CERTIFIÉ le présent état véritable par nous, Officier d'administration.

A bord, le   18

(1) Le nombre en toutes lettres.

VU et VÉRIFIÉ

par l'Officier en second :

VU

par le Capitaine du bâtiment ·

MOIS

d

SERVICE DE JOURNALIER ET DE CAMPAGNE

ÉTAT présentant l'effectif journalier des rationnaires présents à bord d de l'État l

pendant le mois d

SA VOIR :

DATES DU MOIS	TABLE DU COMMANDANT.				TABLE DE L'ÉTAT-MAJOR.				TABLE DES ASPIRANTS,				TABLE DES				
	EFFECTIF DU PERSONNEL ayant droit à la ration				EFFECTIF DU PERSONNEL ayant droit à la ration				EFFECTIF DU PERSONNEL ayant droit à la ration				EFFECTIF DU ayant droit				
	de maîtr.	de femme.	de mouss.	TOTAL.	de maîtr.	de femme.	de mouss.	TOTAL.	de maîtr.	de femme.	de mouss.	TOTAL.	de maîtr.	de femme.			
1	2	3	4	5	6	7	8	9	10	11	12	13	14	15			

TOTAUX........

Vu et vérifié par l'Officier en second :

Certifié le présent état véritable par A bord

Nous, Officier d'administration. le 18

Vu par le Capitaine du bâtiment :

MOIS

ÉTAT DU NOMBRE DE RATIONS *de chaque espèce de denrées auxquelles* ont eu droit chaque jour les hommes en santé de l'équipage

d de l'État 1 pendant le mois d 18 .

L'équipage a vécu :

en campagne, du au

en journalier, du au

RATIRE et JOURS DU MOIS	PAIN			BOISSONS			VIN		BIG. et SUCRE	VIANDES		DIVERS																DULERES																ASSAISONNEMENTS	QUAN-TITÉS

ASSAISONNEMENTS

Choucroute............

et

Achards..............

Huile d'olive..........

Graisse de Normandie......

Beurre...............

Vinaigre.............

Graine de moutarde.......

Sel................

Poivre..............

matières combustibles.

———

COMBUSTIBLE.
(Équipage et cuisine.)

———

Bois à brûler..........

Charbon de terre.......

autres combustibles.

———

Charbon de tarre.......

Total........

Conversion en quantité de denrées, y compris les 5 p. c/o ou déchet de distribution...........

Quantités dépensées d'après les bons et états de dépense........

Certifié le présent état véritable, par nous.

Vu et vérifié :
L'Officier en second,

À bord, le 18 .
L'Officier d'administration,

Vu :
Le Capitaine du bâtiment,

MOIS

d

ÉTAT DU NOMBRE DE RATIONS de chaque espèce de denrées auxquelles a eu droit

à bord d   de l'État I

chaque jour le personnel en santé nourri à la table du Commandant

pendant le mois d   18 .

L'équipage a vécu :

en campagne, du   au

en journalier, du   au

DATES et JOURS DU MOIS	PAIN.			BOISSONS.			DÉJEUNERS.		DÎNERS.											SOUPERS.								QUANTITÉS.			

Total........

Conversion en rations des vivres y compris le déchet de 3 p. 100 de distribution..........

Quantité délivrée par la cambuse, pendant ce mois.....

Registre de dépense à la charge de la table..........

Vu et vérifié
par l'Officier en second :

Certifié le présent état véritable
A bord,   le   18 .

par nous, Officier d'administration.

par le Capitaine du bâtiment :

MOIS

d

ÉTAT DU NOMBRE DE RATIONS de chaque espèce de denrées auxquelles a eu droit
à bord d   de l'État l

chaque jour le personnel en santé nourri à la table de l'État-major
pendant le mois d   18 .

L'équipage a été
en campagne, du   le
en journalier, du   au

DATES et JOURS DU MOIS	PAIN		BOISSONS		DÉJEUNERS		DÎNERS									SOUPERS									QUANTITÉS					ASSAISONNEMENTS

Consommé, en briques ....
Huile d'olive ....
Cuiller de Vermicelle ....
Beurre ....
Fromage ....
Graine de moutarde ....
Sel ....
Poivre ....

Totaux ....

Quantités délivrées par la cambuse et portées en dépense ....

Excédant de dépense à la charge de sa caisse ....

Vu et vérifié
par l'Officier en second :

Certifié le présent état véritable
À bord,   le   18 .

par nous, Officier d'administration.

Vu
par le Capitaine du bâtiment

MOIS

d

ÉTAT DU NOMBRE DE RATIONS de chaque espèce de denrées auxquelles a en droit
chaque jour le personnel en santé nourri à la table des Aspirants

à bord d   de l'État l   pendant le mois d   18 .

L'équipage a vécu :

en campagne, du   au

en journalier, du   au

DATES	PAIN.	BOISSONS.	DÉJEÛNERS.	DÎNERS.	SOUPERS.	ASSAISONNEMENTS.	QUANTITÉS.
						Choucroute ou Achards	
						Huile d'olive	
						Graisse de Terre-neuf	
						Beurre	
						Vinaigre	
						Graisse de mouton	
						Sel	
						Poivre	

Vu et approuvé

par l'Officier en second :

Certifié le présent état véritable   par nous, Officier d'administration.

A bord,   le   18

Vu

par le Capitaine du bâtiment,

MOIS

d

ÉTAT DU NOMBRE DE RATIONS de chaque espèce de denrées auxquelles a eu droit chaque jour le personnel en santé NOURRI à la table des Maîtres à bord d   de l'État l   pendant le mois d   18 .

L'équipage a vécu :

en campagne, du   au

en journalier, du   au

DATES et QUTES DU MOIS.	PAIN.			BOISSONS.			DÉJEUNERS.		DÎNERS.											SOUPERS.																							ASSAISONNEMENTS.	QUANTITÉS.			

(formulaire vierge — colonnes non remplies)

Total........

Ceux venant des quantités des fres y compris à la décision de l'a, etc. des d'agréables........

Restant........

Quantités délivrées par la cambuse et portées en dépense........

Excédent ou déficit à la charge de la table........

Chocolat........

ou

Arrowth........

Huile d'olive........

Graines de Tournesole........

Beurre........

Vinaigre........

Graine de moutarde........

Sel........

Farce........

Vu et certifié   Certifié le présent état véritable   Et nous, Officier d'administration,   Vu

par l'Officier en second: par le Capitaine du bâtiment:

A bord   18 .

15.

SERVICE DE CAMPAGNE.

MOIS
d

État du nombre de PORTIONS de chaque espèce de denrées prescrites et distribuées chaque jour pour la nourriture des malades, pendant le mois d   sur l   de l'État l   d'après le relevé journalier des extraits de visite certifiés par l'Officier de santé.

DATES des DISTRIBUTIONS.	BOUILLONS ET SOUPES.				PAIN.					VIN DE CAMPAGNE.					VINS FINS		VIANDE ET ALIMENTS LÉGERS.				

Vu et vérifié
par l'officier en second :

Certifié le présent état véritable
À bord,

Par nous, Officier d'administration.
le   18   .

Vu
par le Capitaine du bâtiment :

Suite de l'*État du nombre de portions de denrées.*

DATES des DISTRIBUTIONS.	ASSAISONNEMENTS.						DÉLIVRANCE à titre exceptionnel.		OBSERVATIONS.
	BEURRE ou saindoux. Pour le riz et les pâtes féculentes, 15 gram.	GRAISSE de Normandie. Pour le riz et les pâtes féculentes, 10 gram.	LAIT conservé. Pour le riz et le tapioca, 20 gram.	SUCRE. Pour le riz, les pruneaux, les pâtes féculentes et les pommes tapées, 15 gram.	LÉGUMES verts. Pour toute portion de viande, 3 centimes.	RIZ. Pour soupes, 25 gram.	CONSERVES de haricots verts. Par demi-portion, 150 gram., par quart, 100 gram.	CONSERVES de pois verts. Par demi-portion, 150 gram., par quart, 100 gram.	
1	2	3	4	5	6	7	8	9	10
Totaux des portions....									
Conversion en quantité de denrées..........									

CERTIFIÉ véritable par nous, Officier d'administration.

A bord, le   18   .

Vu et vérifié
par l'Officier en second :

Vu
par le Capitaine du bâtiment :

CONTRÔLE NOMINATIF

DES

RATIONNAIRES.

RÔLE DES RATIONNAIRES

FOLIO du livre d'équipage	NOMS	MUTATIONS ET MOUVEMENTS	NOMBRE DE JOURNÉES DONNANT DROIT À LA RATION												
			mois de janvier.	mois de février.	mois de mars.	mois d'avril.	mois de mai.	mois de juin.	mois de juillet.	mois d'août.	mois de septembre.	mois d'octobre.	mois de novembre.	mois de décembre.	TOTAL.
1	2	3	4	5	6	7	8	9	10	11	12	13	14	15	16

RÉCAPITULATION.

NUMÉROS des FOLIOS.	MOIS de JANVIER.	MOIS de FÉVRIER.	MOIS de MARS.	MOIS D'AVRIL.	MOIS de MAI.	MOIS de JUIN.	MOIS de JUILLET.	MOIS D'AOÛT.	MOIS de SEPTEMBRE.	MOIS D'OCTOBRE.	MOIS de NOVEMBRE.	MOIS de DÉCEMBRE.	TOTAUX.
1	2	3	4	5	6	7	8	9	10	11	12	13	14
F°													

16.

Suite de la RÉCAPITULATION.

NUMÉROS des FOLIOS.	MOIS de JANVIER.	MOIS de FÉVRIER.	MOIS de MARS.	MOIS D'AVRIL.	MOIS de MAI.	MOIS de JUIN.	MOIS de JUILLET.	MOIS D'AOÛT.	MOIS de SEPTEMBRE.	MOIS D'OCTOBRE.	MOIS de NOVEMBRE.	MOIS de DÉCEMBRE.	TOTAUX.
1	2	3	4	5	6	7	8	9	10	11	12	13	14
Report du f° d'autre part...... F°													
Totaux.													

CERTIFIÉ la présente récapitulation véritable par nous, Officier d'administration,

A bord, le   18   .

Vu et vérifié par l'Officier
en second :

Vu par le Capitaine
du bâtiment :

PORT

d

MARINE ET COLONIES.

[Modèle n° 33.]

Articles 80 et 82 de l'instruction
du 3 février 1875.

SUBSISTANCES.

LIVRET

destiné à l'inscription des billets de demande, de remise et de toutes autres pièces
de recette et de dépense.

L

commandé par M.

Le présent livret, contenant (1)   feuillets, a été coté et parafé, par premier,
et dernier, par nous, Commissaire aux subsistances, et remis à M.
officier d'administration du bâtiment désigné ci-dessus, pour servir à l'inscription sommaire
des billets de demande, de remise et de toutes autres pièces de recette et de dépense.

A   , le   18

(1) Ce nombre en toutes lettres.

Demi-feuille in-8°

NUMÉROS D'ORDRE des pièces.	DATES.	INDICATION DES LIEUX OÙ LES OPÉRATIONS ont été effectuées.	OBJET DES PIÈCES.	DATES DE LA RENTRÉE des duplicata des billets de demande ou de remise ou autres pièces.
1	2	3	4	5

PORT

d

MARINE ET COLONIES.

[MODÈLE N° 34.]

Articles 80 et 83 de l'instruction
du 3 février 1875.

ANNÉE 18 .

SUBSISTANCES.

REGISTRE DES PROCÈS-VERBAUX.

L

commandé par M.

Le présent registre contenant (1)   feuillets, a été coté et parafé, par
premier et dernier, par nous, Commissaire aux subsistances, et remis à l'officier d'administration du bâtiment désigné ci-dessus, pour servir à l'inscription des procès-verbaux de perte,
d'avarie, et généralement de tous les procès-verbaux concernant la comptabilité des vivres
dudit bâtiment.

A   , le   18 .

(1) Ce nombre en toutes lettres.

Registre couronne.

SOMMAIRE.

PROCÈS-VERBAL

D

Cejourd'hui

d

MARINE ET COLONIES.

Articles 80 et 84 de l'instruction
du 3 février 1875.

SUBSISTANCES.

INVENTAIRE-BALANCE.

L

commandé par M.

Le présent inventaire-balance, contenant (1)   feuillets, a été parafé
par premier et dernier, et remis par nous, Commissaire des subsistances, à M.
          , officier d'administration dudit bâtiment.

A   , le   18   .

(1) Ce nombre en toutes lettres.

Registre raisin

Marine. — 18525¹. — Subsistances. — 1875.

INVENTAIRE-BALANCE.

NATURE DES DENRÉES.	MOIS DE JANVIER.				MOIS DE FÉVRIER.				MOIS DE MARS.				MOIS D'AVRIL.				MOIS DE MAI.				MOIS DE JUIN.				DIFFÉRENCES en + ou —.		OBSERVATIONS.
	restant au	reçu pendant le mois	total	dépensé pendant le mois	restant au	reçu pendant le mois	total	dépensé pendant le mois	restant au	reçu pendant le mois	total	dépensé pendant le mois	restant au	reçu pendant le mois	total	dépensé pendant le mois	restant au	reçu pendant le mois	total	dépensé pendant le mois	restant au	reçu pendant le mois	total	dépensé pendant le mois	En plus.	En moins.	
1	2	3	4	5	6	7	8	9	10	11	12	13	14	15	16	17	18	19	20	21	22	23	24	25	26	27	28
Biscuit																											
Farine d'arrimage																											
Pain d'équipage et de troupe																											
Vin rouge { eau commune																											
Vin rouge { sans journalier																											
Vin de campagne en bouteilles																											
Spiritueux (Eau-de-vie, rhum ou tafia)																											
Vinaigre																											
Bœufs vivants																											
Moutons vivants																											
Volailles vivantes																											
Viande fraîche																											
Lard salé																											
Morue																											
Sardines à l'huile																											
Conserves { de bœuf																											
Conserves { de volaille																											
Gelée de viande																											
Extrait de viande																											
Avoine																											
Orge																											
Riz																											
Blé (1re classe)																											
Tapioca																											
Gelée de viande																											
Gelée de poisson																											
Pruneaux																											
Pommes tapées																											
Légumes secs { Haricots																											
Légumes secs { Pois																											
Légumes secs { Lentilles																											
Choucroute																											
Julienne pour bouillons maigres																											
Légumes desséchés (mélange d'équipage)																											
Pommes de terre fraîches																											
Fromage de Conti																											
Fromage de Hollande																											
Café																											
Chocolat																											
Jus de citron																											
Lait conservé																											
Mélasse																											
Sucre cassonade																											
Sucre en pain (lumps)																											
Achards																											
Saindoux																											
Beurre (salé et conservé)																											
Cerises de Normandie																											
Huile d'olive																											
Sel																											
Moutarde (Graine de)																											
Poivre et piment																											
Bois de chauffage																											
Charbon de terre																											
Vins fins { de Marsala																											
Vins fins { de Bagnols																											
Vins fins { de Bordeaux																											
Argent pour légumes verts																											
Conserves { de haricots verts																											
Conserves { de petit pois																											

Nature des denrées.	Mois de juillet — existant au	— reçu pendant le mois	— total	— dépensé pendant le mois	Mois d'août — existant au	— reçu pendant le mois	— total	— dépensé pendant le mois	Mois de septembre — existant au	— reçu pendant le mois	— total	— dépensé pendant le mois	Mois d'octobre — existant au	— reçu pendant le mois	— total	— dépensé pendant le mois	Mois de novembre — existant au	— reçu pendant le mois	— total	— dépensé pendant le mois	Mois de décembre — existant au	— reçu pendant le mois	— total	— dépensé pendant le mois	reversé en	Différences en plus	Différences en moins	Observations.
Biscuit																												
Farine d'armement																												
Pain d'équipage et de troupes																												
Vin rouge { pour campagne																												
Vin rouge { pour journalier																												
Vin de campagne en bouteilles																												
Spiritueux (Eau-de-vie, rhum ou tafia)																												
Vinaigre																												
Bœufs vivants																												
Moutons vivants																												
Volailles vivantes																												
Viande fraîche																												
Lard salé																												
Morue																												
Sardines à l'huile																												
Conserves { de bœuf																												
Conserves { de volaille																												
Gelée de viande																												
Extrait de viande																												
Aviane																												
Orge																												
Riz																												
Riz (1ʳᵉ choix)																												
Tapioca																												
Gelée de coing																												
Gelée de pomme																												
Pruneaux																												
Raisins tapés																												
Légumes secs { Fayots																												
Légumes secs { Pois																												
Légumes secs { Lentilles																												
Choucroute																												
Julienne pour bouillons maigres																												
Légumes desséchés (mélange d'équipage)																												
Pommes de terre fraîches																												
Fromage de Comté																												
Fromage de Hollande																												
Café																												
Chocolat																												
Jus de citron																												
Lait conservé																												
Mélasse																												
Sucre cassonade																												
Sucre en pain (loaps)																												
Achards																												
Saindoux																												
Beurre (salé et conservé)																												
Confiture de Bergamotte																												
Huile d'olive																												
Sel																												
Moutarde (Graine de)																												
Poivre et piment																												
Bois de chauffage																												
Charbon de terre																												
Vins fins { de Marsala																												
Vins fins { de Bagnols																												
Vins fins { de Bordeaux																												
Argent pour légumes verts																												
Conserves { de haricots verts																												
Conserves { de pois verts																												

DÉSIGNATION DES OBJETS	MOIS DE JANVIER				MOIS DE FÉVRIER				MOIS DE MARS				MOIS D'AVRIL			MOIS DE MAI				MOIS DE JUIN				DIFFÉRENCES en réconstruire		OBSERVATIONS
	restant en	reçu pendant le mois	total	dépensé pendant le mois	restant en	reçu pendant le mois	total	dépensé pendant le mois	restant en	reçu pendant le mois	total	dépensé pendant le mois	restant en	reçu pendant le mois	dépensé pendant le mois	restant en	reçu pendant le mois	total	dépensé pendant le mois	restant en	reçu pendant le mois	total	dépensé pendant le mois	En plus	En moins	
1	2	3	4	5	6	7	8	9	10	11	12	13	14	15	17	18	19	20	21	22	23	24	25	26	27	28
Boîtes en tôle pour conserver de viande, de 5 kilog.																										
de 10.																										
de 25.																										
Boîtes en fer-blanc pour conserver de viande, de 5 kilog.																										
de 2.																										
de 1k,500.																										
de 1.																										
de 0k,800.																										
de 0k,700.																										
de 0k,500.																										
de 0k,400.																										
de 0k,300.																										
Sacs en toile à légumes et à pain.																										
Barils, de 100 litres.																										
de 80.																										
de 60.																										
de 50.																										
de 40.																										
de 30.																										
de 25.																										
de 20.																										
de 15.																										
Foncauds.																										
Caisses à biscuit.																										
Caisses en bois pour emballages de 300 paquets.																										
Filtres, de 1 ou 550 litres.																										
de 1 ou 250.																										
Quarts, à farine et à légumes.																										
à salaison.																										
Caisses à huile, contenance de 35 l.																										
de 25.																										
de 15k,500.																										

18.

INVENTAIRE-BALANCE. (Suite.)

DÉSIGNATION DES OBJETS.	MOIS DE JUILLET.				MOIS D'AOÛT.				MOIS DE SEPTEMBRE.				MOIS				MOIS DE NOVEMBRE.				MOIS DE DÉCEMBRE.			DIFFÉRENCES au récolement.		OBSERVATIONS.
	restant en	reçu pendant le mois.	total.	dépensé pendant le mois.	restant en	reçu pendant le mois.	total.	existant pendant le mois.	restant en	reçu pendant le mois.	total.	dépensé pendant le mois.	restant en	reçu pendant le mois.			restant pendant le mois.	reçu pendant le mois.	total.	dépensé pendant le mois.	restant en	reçu pendant le mois.	total.	dépensé produit le mois.	En plus.	En moins.	
1	2	3	4	5	6	7	8	9	10	11	12	13	14	15		17	18	19	20	21	22	23	24	25	26	27	28
Boîtes en tôle pour conserves de viande, de 5 kilog.																											
de 10																											
de 15																											
Boîtes en fer-blanc pour conserves de viande, de 3 kilog.																											
de 2																											
de 1k500																											
de 1																											
de 0k800																											
de 0k700																											
de 0k500																											
de 0k450																											
de 0k400																											
Seaux en taille à légumes et à pain																											
de 100 litres																											
de 80																											
de 60																											
de 50																											
Baquets, de 40																											
de 30																											
de 15																											
de 10																											
de 15																											
Entonnoirs																											
Caisses à biscuit																											
Caisses en bois pour emballage de 800 rations																											
Plats, de 2 ou 600 litres																											
de 3 ou 300 litres																											
Quarts, à farine et à légumes																											
à aliments																											
contenance de 2 à 3 l.																											
Cuves à huile, de 25																											
de 12k500																											

PORT

MARINE ET COLONIES.

[Modèle n° 36.]

SERVICE DES SUBSISTANCES.

Article 86 de l'instruction
du 3 février 1875.

ANNÉE 18 .

SERVICE DE JOURNALIER ET DE CAMPAGNE.

Mois d

L'équipage a vécu.... { en journalier du   au
{ en campagne du   au

ÉTAT DES MOUVEMENTS *à bord d*   *commandé*
par M.   *pour servir à établir la quantité de*
rations auxquelles a eu droit le personnel présent à bord pendant le mois d

(1) L'existant doit toujours partir de la veille.

Il existait, au (1) du mois d   , à bord d
la quantité de (2)   individus,

SAVOIR:

Table du Commandant..	Officiers et autres........................	
	Femmes.................................	
	Enfants..............................	
Table de l'État-Major....	Officiers et autres.....................	
	Femmes...........................	
	Enfants..............................	
Table des Aspirants.....	Officiers et autres.....................	
	Femmes..............................	
	Enfants..............................	
Table des Maîtres......	Maîtres et autres......................	
	Femmes..............................	
	Enfants..............................	
Equipage...........	Marins et autres......................	
	Femmes..............................	
	Mousses..............................	
	Garnison..............................	
	Condamnés............................	

TOTAL......................

Marine. — 1859. — Subsistances. — 1875.

(2) Ce nombre en toutes lettres.
Feuille raisin.

DATES du mois	TABLE DU COMMANDANT. EFFECTIF DU PERSONNEL ayant droit à la ration				TABLE DE L'ÉTAT-MAJOR. EFFECTIF DU PERSONNEL ayant droit à la ration				TABLE DES ASPIRANTS. EFFECTIF DU PERSONNEL ayant droit à la ration				TABLE DES MAÎTRES. EFFECTIF DU PERSONNEL ayant droit à la ration				ÉQUIPAGE. EFFECTIF ayant droit à la ration						TOTAUX PAR CATÉGORIES de rations					Nombre de malades apportés dans les réclamations ci-contre.
	de maître	de femme	de mousse	TOTAL	de matelot	de femme	de mousse	TOTAL	de marin	de femme	de mousse	TOTAL	de marin	de femme	de mousse	TOTAL	de marin	de femme	de mousse	Gardiens	de surveillance	TOTAL général	du marin garnison	de femme	de mousse	du commandant	TOTAL général	
1	2	3	4	5	6	7	8	9	10	11	12	13	14	15	16	17	18	19	20	21	22	23	24	25	26	27	28	29
1																												
2																												
3																												
4																												
5																												
6																												
7																												
8																												
9																												
10																												
11																												
12																												
13																												
14																												
15																												
16																												
17																												
18																												
19																												
20																												
21																												
22																												
23																												
24																												
25																												
26																												
27																												
28																												
29																												
30																												
31																												
TOTAL																												

OBSERVATIONS TRÈS ESSENTIELLES.

Il est [illegible] enjoint aux officiers d'administration d'indiquer le nombre de passagers [illegible] à bord, et de [illegible] exactement et professionnellement, dans cette colonne d'observations, [illegible] admis à charge de remboursement, soit pour leur propre compte, soit en compte des différents chapitres ou articles.

Il est également [illegible] d'exprimer exactement, dans cette même colonne d'observations, les dates d'embarquement et de débarquement de chaque passager.

Voir d'ailleurs la [illegible] du [illegible], insérée au bulletin officiel de la marine, page [illegible], au sujet des ordres d'embarquement et passagers à [illegible] en pied ou autres lorsque le [illegible].

Voir également les décisions des [illegible] insérées au bulletin officiel de la marine, pages [illegible], concernant la réduction des ordres d'embarquement de passagers [illegible] aux frais de l'État, et la [illegible] du [illegible] mai 1865 [illegible] : dispositions complémentaires concernant les ordres d'embarquement.

Voir l'article [illegible] de l'ordonnance du [illegible].

Je soussigné, Officier d'administration d   certifie le présent état conforme au rôle d'équipage et au rôle de rations.

Fait à bord   , le   18   .

Vu et vérifié
par l'Officier en second,

Vu
par le Capitaine,

[Modèle n° 37.]

Articles 88 et 95 de l'instruction
du 3 février 1875.

ANNÉE 18 .

MARINE ET COLONIES.

SERVICE DE LA FLOTTE.

RAPPORT SOMMAIRE

SUR

LA VÉRIFICATION DE LA COMPTABILITÉ

DES

VIVRES DES BÂTIMENTS.[1]

(1) Nouvellement arrivés au port ou faisant partie de l'escadre ou de la division.

Feuille écu.

NOMS des bâtiments.	POSITION actuelle du bâtiment.	NOMS ET GRADES des OFFICIERS D'ADMINISTRATION ou des employés comptables.	RÉSUMÉ SUR LA TENUE							OBSERVATIONS.
			DU LIVRE JOURNAL de recettes aux vivres.	DU REGISTRE BALANCE du compte des vivres.	DU CASERNET du mousfrage.	DU RÔLE des résidus.	DE L'INVENTAIRE-MATIÈRE après.	DU REGISTRE des prises-charbons.	DE TOUTES PIÈCES des pièces de recette et de dépense.	
1	2	3	4	5	6	7	8	9	10	11

Certified le présent état.

A   , le   18   .

(1) Aux subsistances, ou de
l'escadre ou de la division.

Le Commissaire (1),

Vu

(2) Commissaire général ou
commandant en chef.

par l (2)

PORT

d

MARINE ET COLONIES.

[Modèle n° 38.]

Articles 89 et 106
de l'instruction
du 3 février 1875.

SERVICE DES SUBSISTANCES.

ANNÉE 18 .

L

commandé par M.

Inventaire général des denrées et récipients existant à bord du susdit bâtiment le

Savoir :

NUMÉROS D'ORDRE de l'unité principale.	NATURE DES OBJETS.	ESPÈCE des unités.	QUANTITÉS.		APPRÉCIATION aux prix officiels.	VALEURS. (Cette colonne devant être remplie par le port où compte le bâtiment, il est expressément recommandé aux autorités du bord de n'y rien porter.)	OBSERVATIONS.
			EN TOUTES LETTRES. (Il suffit de porter en toutes lettres les unités entières seulement ; les fractions peuvent être exprimées en chiffres.)	En chiffres.			
1	2	3	4	5	6	7	8
2	Biscuit	Kilogr.					
3	Farine d'armement	Idem.					
4	Pain d'équipage	Idem.					
5	Vin pour campagne	Litre.					
	Vin pour campagne en bouteilles	Idem.					
	Vin pour journalier	Idem.					
	Vins fins { de Bordeaux	Idem.					
	de Marsala	Idem.					
	de Bagnols	Idem.					
6	Eau-de-vie, rhum et tafia	Idem.					
7	Vinaigre	Idem.					
8	Bœufs vivants	Nombre.					
	Moutons vivants	Idem.					
	Volailles vivantes	Idem.					
9	Viande fraîche	Kilogr.					
10	Lard salé	Idem.					
	Morue	Idem.					
	Sardines à l'huile	Idem.					
11	Conserves de bœuf	Idem.					
	Conserves de volailles	Idem.					
	Gelée de viandes	Idem.					
			A reporter				

Demi-feuille in-4° jésus.

NUMÉROS D'ORDRE de l'unité principale. 1	NATURE DES OBJETS. 2	ESPÈCE des unités. 3	QUANTITÉS. EN TOUTES LETTRES. (Voir l'observation d'autre part, p. 161.) 4	En CHIFFRES. 5	APPRÉCIATION aux prix officiels. 6	VALEURS. (Voir l'observation d'autre part, p. 161.) 7	OBSERVATIONS. 8
	Report...............	....	....	....	....		
	Avoine..................	Kilogr.					
	Orge....................	Idem.					
12	Riz.....................	Idem.					
	Riz, premier choix..............	Idem.					
	Tapioca.................	Idem.					
	Gelée de coings................	Idem.					
13	Gelée de pommes..............	Idem.					
	Pruneaux....................	Idem.					
	Pommes tapées..............	Idem.					
	Pommes de terre fraîches...........	Idem.					
	Fayols......................	Idem.					
	Lentilles....................	Idem.					
	Pois.......................	Idem.					
	Choucroute.................	Idem.					
14	Julienne pour bouillon maigre........	Idem.					
	Conserves de pois verts...........	Idem.					
	Conserves de haricots verts.........	Idem.					
	Légumes desséchés (mélange d'équipage).	Idem.					
	Légumes verts (Argent pour).						
15	Fromage.....................	Kilogr.					
	Café......................	Idem.					
	Chocolat...................	Idem.					
	Jus de citron.................	Idem.					
	Lait conservé.................	Idem.					
16	Mélasse...................	Idem.					
	Sucre cassonade...............	Idem.					
	Sucre en pain (lumps)...........	Idem.					
	Thé......................	Idem.					
	Achards....................	Idem.					
	Beurre salé.................	Idem.					
	Saindoux...................	Idem.					
	Huile d'olive.................	Idem.					
17	Graisse de Normandie............	Idem.					
	Sel.......................	Idem.					
	Moutarde (Graine de)............	Idem.					
	Poivre.....................	Idem.					
18	Bois à brûler.................	Idem.					
	Charbon de terre...............	Idem.					
				A reporter.............			

NUMÉROS D'ORDRE de l'unité principale.	NATURE DES OBJETS.	ESPÉCE des unités.	QUANTITÉS. EN TOUTES LETTRES. (Voir l'observation d'autre part, p. 151.)	En CHIFFRES.	APPRÉCIATION aux prix officiels.	VALEURS. (Voir l'observation d'autre part, p. 151.)	OBSERVATIONS.
1	2	3	4	5	6	7	8
	Report..........						
	Boîtes en tôle pour conserves de viande, { de 5 kilogrammes....	Nombre.					
	de 10.............	Idem.					
	de 15.............	Idem.					
22	Boîtes en fer-blanc pour conserves de viande, { de 3 kilogrammes....	Idem.					
	de 2..............	Idem.					
	de 1^k,400..........	Idem.					
	de 1,000..........	Idem.					
	de 0,800..........	Idem.					
	de 0,700..........	Idem.					
	de 0,500..........	Idem.					
	de 0,420..........	Idem.					
	de 0,400..........	Idem.					
	Sacs en toile à légumes et à pain......	Idem.					
	Barils....... { de 100 litres........	Idem.					
	de 80.............	Idem.					
	de 60.............	Idem.					
	de 50.............	Idem.					
	de 40.............	Idem.					
	de 30.............	Idem.					
	de 25.............	Idem.					
	de 20.............	Idem.					
	de 15.............	Idem.					
	Boucauts..................	Idem.					
23	Caisses à biscuit..............	Idem.					
	Caisses en bois pour emballages. { de 300 décimètres cubes.............	Idem.					
	Pièces..... { de 2 ou 500 litres....	Idem.					
	de 1 ou 250.......	Idem.					
	Quarts...... { à farines et à légumes..	Idem.					
	à salaisons.........	Idem.					
28	Caisses à huile. { contenance de 50 kilog.	Idem.					
	contenance de 25.....	Idem.					
	contenance de 12^k,500.	Idem.					
	TOTAL................						

Je soussigné,

20

Je soussigné, Officier d'administration d

certifie le présent inventaire véritable.

A bord   , le   18   .

Vu :

L'Officier en second,

Vu :

Le Capitaine,

Je soussigné, Commis chargé des vivres à bord d

reconnais qu'il existe à bord dudit bâtiment les quantités de denrées et récipients

ci-dessus énoncées.

A bord, le   18   .